W0299288

HEYNE BÜCHER

HEYNE KOCHBÜCHER

Edda Meyer-Berkhout

DIE KÜCHE SPANIENS

Tapa, Tortilla, Paella

Traditionelle Gerichte von Barcelona bis Sevilla

Originalausgabe

WILHELM HEYNE VERLAG
MÜNCHEN

HEYNE KOCHBÜCHER
Nr. 07/4644

(3. Auflage dieser Ausgabe;
bisher lieferbar unter der Nr. 07/4430)

Umschlagfoto: Fotostudio Pete Eising, München
Innenfotos: Fotostudio Eising, Gruner & Jahr
Umschlaggestaltung: Atelier Ingrid Schütz, München
Printed in Germany 1996
Satz: Schaber, Wels
Druck und Bindung: RMO, München

ISBN 3-453-05911-5

INHALT

Vorwort 7

Tapas, Bocadillos und Vorspeisen 9
Oliven 11
Tapas und Vorspeisen 15

Deftige Suppen und würzige Saucen 29
Suppen 30
Saucen 41

Fleisch, Wild und Geflügel 45
Fleischgerichte 46
Innereien 58
Wildgerichte 61
Geflügel 63

Fische, Krusten- und Schalentiere 72
Fischgerichte 73
Krusten- und Schalentiere 93

Eiergerichte 98
Tortillas (Omeletts) 99
Gebackene Eier 112

Gemüse, Hülsenfrüchte, Kartoffeln und Reis 117
Salate 118
Gemüsegerichte 121
Reis- und Kartoffelgerichte 130
Eintopfgerichte 143

Über das Finale einer guten Mahlzeit:
Obst, Käse, Süßspeisen und Gebäck 152
Mandeln, Turrón und anderes Konfekt 156
Süßspeisen 161
Gebäck 167

Getränke 177
Erfrischungsgetränke 177
Bowlen, Sangría 180
Liköre 183
Über den Sherry 185
Weine 188
Brandy und andere beliebte »Wässerchen« 191

Sachgruppen-Register 194

Deutsches Register (alphabetisch) 198

Spanisches Register (alphabetisch) 202

Wenn nicht anders angegeben, beziehen sich die Rezepte dieses Buches auf vier Personen.

Abkürzungen

EL = Eßlöffel
TL = Teelöffel
Msp = Messerspitze

Vorwort

Lieber Leser!

Zufälle bestimmen vielfach unser Leben. Und einem solchen Zufall verdanke ich es, daß ich seit fast 20 Jahren den größten Teil des Jahres in einem kleinen Fischerdorf an der spanischen Küste verbringe. Es versteht sich von selbst, daß eine Kochbuchautorin sich nicht alleine darauf beschränkt, in den für Reisende eingerichteten Restaurants neue Gerichte zu probieren, sondern auch bei den Einheimischen ihr Interesse bekundet. Wie oft war ich, insbesondere anläßlich der jährlichen Dorffeste, bei spanischen Familien zu Gast!

Denn die Gastfreundlichkeit ist eine für den Spanier sehr typische Eigenschaft. Wie stolz sind die schwarzhaarigen, meist rundlichen Frauen, wenn sie mich von ihrem Gebäck versuchen lassen oder in großer Runde zum Mittagtisch bitten. Was sie haben, teilen sie gerne. Freudig berichten sie mir, wie das Gericht entstanden ist. Oft darf ich auch in der Küche zuschauen.

Die spanische Küche ist, lernt man das Land wirklich kennen, gewiß recht rustikal, doch von einer unerhörten Vielfalt.

Bei den Rezepten galt es zu wählen, und leider war es nicht möglich, alle Spezialitäten des Landes zu berücksichtigen. Oftmals ist die Herstellung so zeitraubend, daß sie für eine mitteleuropäische Hausfrau nicht akzeptabel erscheint. Ich habe bei meinen Rezepten aus naheliegenden Gründen oft den Öl- und Knoblauchgehalt auf ein für Mitteleuropäer erträgliches Maß reduziert.

So möchte ich Ihnen Freude beim Lesen meiner Anregungen und Informationen und gutes Gelingen aller nachgekochten spanischen Gerichte wünschen.

Ihre
Edda Meyer-Berkhout aus Moraira

Tapas, Bocadillos und Vorspeisen

Zu den erfreulichsten Erfahrungen der spanischen Gastronomie gehört der Besuch einer einfachen Bar zur späten Vormittagsstunde. Dabei muß man wissen, daß eine spanische Bar und eine deutsche kaum etwas gemein haben, es sei denn, daß in beiden Getränke konsumiert werden. Eine spanische Bar ist aber weit mehr als ein Lokal, in dem Getränke bestellt werden. Die Männer treffen sich dort, um miteinander zu schwatzen, zu reden, zu handeln und Domino oder Karten zu spielen. Und weil kühles Bier, roter Landwein oder Jerez besser bekommen, wenn man etwas dazu ißt, hält jeder Wirt eine Reihe pikanter *tapas* bereit. *Tapa* heißt wörtlich übersetzt eigentlich Deckel, vielleicht weil der eilige Ober früher das kleine Schälchen mit den Häppchen oft auf die Gläser setzte, die er auf dem Tablett zu den Gästen trug. Luftgetrocknete Schinken aus Asturien, pralle Würste, mit Paprika und Knoblauch gewürzt aus Madrid, ein großes Sortiment grüner und schwarzer, gefüllter und ungefüllter Oliven aus Andalusien, eingelegte Paprikaschoten und würzige Zwiebeln in Rote-Bete-Saft, sowie Schafs- und Ziegenkäse aus den Pyrenäen bilden neben Erdnüssen, gerösteten Salzmandeln und Kartoffelchips das Grundsortiment.

Dazu gibt es *Boquerones,* das sind in Essig eingelegte sardellenartige entgrätete Fische, mit Knoblauch und Petersilie gewürzt, ferner Thunfisch, Stockfischvariationen, Muscheln, Garnelen, Gambas, Langustinos, fritierte Sardinen und in Ausbackteig knusprig gebratene Fische verschiedener Art. Es werden alle möglichen Arten

von Omeletts angeboten, außerdem mit Mayonnaise überzogene russische Eier.
Unter den Fleischgerichten rangieren würzige Hackfleischbällchen an erster Stelle. Außerdem gibt es köstlich duftende Gerichte aus Leber, Nieren und Kutteln. Winzige Koteletts werden rasch gegrillt und durch Gemüse, wie eingelegte Artischocken, Champignons, Reizker, gegrillte Paprikaschoten, Auberginen, feine Zucchini, aber auch durch frische Tomaten ergänzt.
Knackig frische Rettiche, Radieschen und Zwiebelscheiben, verschiedene Gemüsesalate, marinierte Artischockenherzen und Spargel mit Mayonnaise dürfen ebenfalls nicht fehlen. Hier zeigen Koch und Köchin Spitzenleistungen.
Im Vergleich zu diesen *tapas* ist ein *bocadillo* eine wesentlich »handfestere« Sache. Für den *bocadillo* wird ein Stangenweißbrot in etwa 20 cm lange Stücke geschnitten und der Länge nach geteilt. Im einfachsten Fall wird nur etwas Öl darüber geträufelt, dann wird das Brot geröstet und schließlich mit Tomatenmus eingerieben. Doch ist dies für die schwer arbeitende Landbevölkerung nicht genug. Deswegen packen der Wirt oder die vorsorgliche Hausfrau meistens ein Omelett oder gebratene Fische oder ein gegrilltes Stück Fleisch zusätzlich in das Brot und ergänzen das Ganze durch Tomaten- oder Paprikascheiben. Für uns ist es immer wieder erstaunlich, daß sowohl *tapas,* also die Häppchen, als auch die Füllung der *bocadillos* in den meisten Fällen kalt oder zumindest nur lauwarm gegessen wird.
Im Restaurant kommt die Auswahl der Vorspeisen und Vorsuppen selten über ein Dutzend hinaus. Spargel mit Mayonnaise, Melonen mit Schinken, ein gemischter Salatteller, Muscheln in Weinsud, klare Brühe mit Eigelb, Nudelsuppe und Gemüsecremesuppe sind am populärsten. Der Gast tut gut daran, aus diesem Sortiment zu wählen, weiß er doch, daß die Ware frisch ist. Auch mit den aus Südspanien stammenden Avocados oder Schinken aus Asturien, sofern er fein geschnitten ist, erlebt man nie einen Reinfall. Bei Gambas in Öl oder Tintenfisch muß man sich auf eine gehörige Knoblauchbeigabe als Würze einstellen.

Almendras saladas

Salzmandeln

250 g Mandeln · Öl zum Fritieren · grobes Salz

Die Mandeln mit kochendem Wasser überbrühen, schälen. Auf einem Backblech, welches zuvor mit Küchenkrepp belegt wurde, mindestens 24 Stunden trocknen lassen. Nun die Mandeln portionsweise schwimmend in Fett hellgelb fritieren. Achten Sie darauf, sie rechtzeitig aus dem heißen Öl zu nehmen, weil sie erfahrungsgemäß immer noch etwas nachbräunen. Auf Küchenkrepp abtropfen lassen und nach Möglichkeit mit diesem noch etwas abreiben. Dann mit grobem Salz bestreuen.
Es ist wichtig, diese Mandeln in einem festverschlossenen Gefäß aufzubewahren, weil sie sonst weich werden.
Man ißt sie zum Aperitif, vorzugsweise zum Sherry.

OLIVEN

Oliven gehören zu den ältesten kultivierten Früchten der Erde. Schon im Jahre 3500 v. Chr. wurden nachweislich auf der Insel Kreta Oliven angebaut. Gesalzene grüne Oliven wurden bei den Ausgrabungen von Pompeji gefunden. Kaiser Konstantin VII. von Byzanz (905–959) schätzte Oliven gleichermaßen wie Kaviar. In seinem Zeremonienbuch ordnete er an, daß Oliven zu jeder festlichen Mahlzeit serviert werden sollten. Durch die Seefahrer verbreitete sich der Ölbaum rasch in allen Mittelmeerländern. Der größte Teil der Konsumoliven kommt heute aus Spanien. Die Weltproduktion wird auf 2600600 Tonnen jährlich geschätzt. Natürlich wird der größte Teil davon zu Olivenöl verarbeitet. Die jährliche spanische Produktion wird auf rund 500000 Tonnen geschätzt, von denen etwa 120000 Tonnen Öl exportiert werden.

Eßoliven, also die, die wir in Gläsern oder Dosen präpariert bei uns kaufen, werden vor allen Dingen in der Umgebung von Sevilla in Andalusien angebaut. Ein altes Sprichwort meint: »Die besten Oliven der Welt werden von der Giralda beschattet.« Wenn wir das auch nicht wörtlich nehmen können, da der Turm der Kathedrale von Sevilla gegenwärtig nur noch das Häusermeer der Altstadt beschatten kann, so ist doch sicher, daß die langen sonnigen Tage und die geringen Niederschlagsmengen dieser Gegend die besten Ernten hervorbringen.

Der Ölbaum ist eine erstaunliche Pflanze mit enormer Widerstandskraft. Lange Regenzeiten und rauhe Temperaturen des Winters, Wind, Dürre und Sonnenglut des Sommers scheinen dem Olivenbaum kaum etwas auszumachen. Viele dieser knorrigen Bäume werden über hundert, einige sogar über tausend Jahre alt.

Die Erde der Olivenhaine wird oft umgepflügt, die Bäume werden beschnitten und immer wieder neu gepfropft. So tragen sie Jahr für Jahr reiche Ernte. Die Blüten im Frühling sind unscheinbar. Nach etwa 5 Monaten beginnt Ende September, also nach der Weinernte, die Olivenernte. Die Früchte werden in der Regel noch grün, in Ausnahmefällen auch dunkelviolett geerntet. In den meisten Fällen werden die Oliven per Hand gepflückt. Die Männer ziehen mit Leitern von Baum zu Baum und streifen mit unglaublicher Geschwindigkeit die Früchte in Bastkörbe, die sie um den Hals gehängt haben. Unmittelbar nach der Ernte werden die Oliven auf Lastwagen in die Fabriken befördert. Nachdem sie von Frauenhand verlesen werden, schüttet man sie in Betonwannen und setzt Sodalösung zu, um die Bitterstoffe zu entziehen. Anschließend werden sie zweimal gewaschen und in riesige Holzfässer umgefüllt, in denen sie zum Gären in der Sonne gelagert werden. Durch das Gären wird das Olivenfleisch weich und bekommt die charakteristische grüngelbe Farbe. Dieser Prozeß dauert 3 bis 5 Monate. Abermals werden die Oliven nach Größen sortiert. Ein Teil wird mit Kernen in Gläser oder Dosen gefüllt. Die größeren sogenannten Queen-Oliven werden mit primitiven

Maschinen entkernt. Anschließend werden sie mit roten Paprikastückchen, Mandeln oder gesalzenen Sardellen von Hand gefüllt. Das Einlegen der gefüllten Oliven erfolgt anschließend ebenfalls per Hand, denn die gefüllte Seite soll stets nach außen zeigen. Der besseren Haltbarkeit wegen werden die Gläser mit Salzwasser aufgefüllt und mit Twist-off-Deckeln verschlossen. Hauptabnehmer sind die Vereinigten Staaten, gefolgt von Frankreich, der Schweiz, Schweden und Deutschland, wo der Konsum Jahr für Jahr steigt.
Die spanische Bauersfrau macht es sich leichter. Sie schlägt mit einem harten Gegenstand auf die frisch geernteten Früchte, so daß sie aufplatzen, und wechselt während der folgenden 2 bis 3 Monate täglich das Wasser. Immer wieder prüft sie, ob genügend Bitterstoffe herausgezogen wurden. Erst dann werden die Oliven mit Salzwasser und Kräutern der heimischen Berge sowie einigen Zitronenscheiben für den Winter eingelagert. Die auf diese Weise eingelegten Oliven sind natürlich nicht so gleichmäßig in Größe und Reifegrad. Sie sind leicht bitter und später durch die aufgeplatzte Schale als heimkonservierte Ware zu erkennen.
Damit sich die Oliven halten, sollten Sie nach Öffnen eines Glases industriell konservierter Oliven etwas von der Salzlösung abgießen und einen dünnen Ölspiegel über die Früchte gießen. Der dadurch erzielte Luftabschluß unterbindet den Verderb. Selbst wenn sich einmal Schimmel gebildet haben sollte, brauchen Sie die Oliven deswegen nicht fortzuwerfen. Man gießt einfach die Lösung ab, überspült die restlichen Oliven mit frischem Wasser und bedeckt sie wieder mit abgekochtem Wasser, dem man etwas Salz und Gewürze nach eigenem Gusto zufügt.
Der überwiegende Teil der Ölbäume wird jedoch nicht wegen der Eßoliven, sondern wegen des Olivenöls gezüchtet. Es handelt sich bei diesen Bäumen um andere Sorten, deren Ölgehalt über 25% liegt. Sie werden während der Wintermonate stets im vollreifen Zustand gepflückt – immer noch in mühsamer Handarbeit.
Das beste, teuerste und wohlschmeckendste Öl ist das sogenannte

Jungfernöl, das durch kalte Pressung gewonnen wird. Kenner behaupten, es sei nicht nur sehr schmackhaft, sondern außerordentlich gesund. Der Anteil der freien Fettsäure darf dabei nicht höher als 2% sein. Olivenöl zweiter Klasse wird unter Zusatz von heißem Wasser gepreßt, dann raffiniert, also gereinigt. Die dritte, im Handel meist verbreitetste Sorte ist eine Mischung aus rohem und raffiniertem Öl. Sie wird in Dosen, Flaschen und auf den Dörfern auch aus Fässern lose unter der Bezeichnung »reines Olivenöl« gehandelt.

Geruch, Geschmack und natürlich auch die Farbe hängen weitgehend von der Qualität, dem Reifegrad und der Herkunft ab. Die Farbe variiert von Strohgelb bis zu dunkelgrünlichen Tönen. Je reifer die Oliven bei der Ernte waren, um so gelber ist das Öl! Der Geschmack von Öl aus Südspanien ist intensiver als der von Bäumen der nördlichen Mittelmeerküste. Gelegentlich werden größere Mengen von frischen Blättern der Ölbäume mit in die Pressung gegeben, was die Haltbarkeit des Öls erhöhen soll und das Aroma verstärkt. Zum Grillen und für Salate geben die spanischen Hausfrauen gelegentlich einige frische Zweige von Thymian, Rosmarin und Oregano in die Ölflasche. Das Aroma teilt sich auf diese Weise langfristig gleichmäßig dem Öl mit, zudem ist eine solche Flasche eine besondere Augenweide. In großen Mengen genossen hat das Öl eine leicht abführende Wirkung, insbesondere, wenn es roh für Salate genommen wird. Der Gehalt an den Vitaminen A und E von kaltgepreßtem Öl ist wesentlich höher als der anderer pflanzlicher Öle!

Anchoas fritas

Fritierte Sardellen

400 g frische Sardellen · 1 EL Essig · Salz

Mehl zum Wenden · Öl zum Ausbacken · 1 Zitrone

Die kleinen, dünnen, frischgefangenen Sardellen werden für diese Zubereitungsart lediglich gewaschen, also nicht entgrätet. Mit Essig beträufeln, abtropfen lassen, salzen und in Mehl wenden. Dann in heißem Fett schwimmend ausbacken.
Bitte beachten Sie, daß die Fische sehr knusprig sein müssen, denn so schmecken sie am besten.
Sie werden mit Haut und Haaren verzehrt, also auch mit Gräten und Innereien. Dazu schmeckt ein kühles Bier. Wer will, kann die Sardellen vor dem Verzehr noch mit Zitronensaft beträufeln.

Gambas al ajillo

Gambas in Knoblauchöl

(Foto Seite 17)

⅛ l Olivenöl · 4–8 Knoblauchzehen

1 kleine Chilipfefferschote · 400–600 g Gambas

1 Zitronenscheibe · evtl. Koriander

Diese Vorspeise wird im allgemeinen portionsweise in Tonschüsselchen, die einen Durchmesser von 15 cm haben, angeboten. Die Spanier verwenden weit mehr Öl als wir in unserem Rezept an-

gegeben haben. Das heiße Öl wird während der Mahlzeit mit frischem Weißbrot aufgetunkt.
Das Öl mit Knoblauch und Chilipfeffer erhitzen. Die Gambas hineingeben und heiß werden lassen. Wenn sie zu lange garen, schrumpeln sie ein, verlieren ihre Feuchtigkeit und werden hart. Darum unmittelbar nach Fertigstellung servieren. Wer will, kann seine Portion noch mit etwas frischgepreßtem Zitronensaft und Koriander nachwürzen.

Sardinas con tomate

Sardinen mit Tomaten

(Foto Seite 17)

Für 12 Portionen
12 frische Sardinen · Salz · Zitronensaft · 6 EL Olivenöl
1 Knoblauchzehe · 1 EL Orangenschale (unbehandelt)
½ Dose geschälte Tomaten · ½ Bund glatte Petersilie
4 EL Weißwein

Die Sardinen säubern, eventuell entgräten und mit Salz und Zitronensaft würzen. Im Olivenöl von jeder Seite 4 Minuten bei milder Hitze braten.
Knoblauch pellen und durchpressen, mit der Orangenschale mischen. Die Sardinen aus der Pfanne nehmen und auf eine Platte legen. Knoblauchmischung im selben Fett andünsten.
Tomaten abspülen, grob zerdrücken und in die Pfanne geben. Mit Salz würzen. Petersilienblätter und Wein zugeben und kurz aufkochen. Alles über den Sardinen verteilen.

Calamares en salsa verde · *Tinten-fischsalat* (Rezept Seite 19)

Albóndigas · *Hackfleischbällchen* (Rezept Seite 25)

Gambas al ajillo · *Scampi in Knob-lauchöl* (Rezept Seite 15)

Sardinas con Tomate · *Sardinen mit Tomaten* (Rezept Seite 16)

Sardinas en aceite con alcaparras

Ölsardinen mit Kapern

(Foto Seite 36)

Für 12 Portionen
2 Dosen Ölsardinen (mit Haut, ohne Gräten, EW 95 g pro Dose)
Salz · grober schwarzer Pfeffer · 4 Sardellen
3–4 EL Zitronensaft · 1 EL Zitronenschale (unbehandelt)
1 Zwiebel · 1 EL Kapern · schwarze Oliven zum Garnieren
Olivenöl zum Beträufeln

Die Ölsardinen in eine Schüssel geben und mit zwei Gabeln leicht zerpflücken. Mit Salz und viel Pfeffer bestreuen. Die abgespülten Sardellen sehr fein hacken, mit dem Zitronensaft mischen und gleichmäßig über den Sardinen verteilen. Die Hälfte der Zitronenschale darüberstreuen.
Alles mit der Gabel mischen und dabei noch einmal etwas zerpflücken. In eine Servierschüssel geben. Die Zwiebel pellen und in Ringe schneiden. Sardinen mit Zwiebel, Kapern, Oliven und der restlichen Zitronenschale garnieren und mit Pfeffer bestreuen. Mit Olivenöl beträufeln und mit geröstetem Weißbrot servieren.

Fritos de pescado

Fisch-Schnitzel

(Foto Seite 36)

Für 24 Stück
250 g Rotbarschfilet · Salz · 3 EL Zitronensaft
2 EL Mehl · 1 Ei · 1 Eigelb · 100 g Semmelbrösel
⅛ l Öl · Zitronenachtel zum Garnieren

Das Fischfilet längs halbieren und quer in jeweils 12 Streifen schneiden. Mit Salz und Zitronensaft würzen, 10 Minuten durchziehen lassen und mit Küchenpapier trockentupfen.
Fisch in Mehl wenden, etwas abklopfen. Ei und Eigelb verschlagen, leicht salzen. Fisch zuerst durch das Ei ziehen, dann mit den Semmelbröseln panieren. In nicht zu heißem Öl portionsweise knusprig ausbraten und auf Küchenpapier abtropfen lassen. Heiß mit Zitronenachteln und Alioli (siehe Seite 44) servieren.

Calamares en salsa verde

Tintenfischsalat

(Foto Seite 17)

500 g frische oder tiefgekühlte, kleine Tintenfische
2 Knoblauchzehen · 2 Frühlingszwiebeln
½ Bund glatte Petersilie
4 EL Olivenöl · 3 EL Weißwein · 1 EL Weißweinessig
Salz · 1 Prise Zucker

Die Tintenfische putzen. Dazu den Kopf mit den Innereien und dem Chininteil aus dem Körper ziehen. Die Körper waschen und

in 2 cm breite Ringe schneiden. Die Fangarme vom Kopf abschneiden.
Den Knoblauch pellen und fein hacken. Die Frühlingszwiebeln längs halbieren und quer in feine Scheiben schneiden. Die Petersilie hacken.
Knoblauch 2 Minuten im Öl bei milder Hitze dünsten, dann die Petersilie und die Tintenfische zugeben. 1 Minute unter Rühren dünsten, den Wein, den Essig und 3 EL Wasser zugeben. Mit Salz und Zucker würzen, etwas durchziehen lassen und lauwarm servieren.

Empanadas con atún

Thunfischpasteten

300 g Mehl · 150 g Butter oder Margarine
1 Ei · 1 gestrichener TL Salz
FÜR DIE FÜLLUNG:
1 kleine Zwiebel · 1 rote Paprikaschote
½ grüne Paprikaschote · 1 Dose Thunfisch (200 g)
Salz · Pfeffer · 1 Eigelb zum Bepinseln

Mehl, Butter, Ei und Salz rasch mit dem Messer verhacken, dann verkneten und den Teig kurze Zeit kühl stellen. Nicht zu dünn auf bemehlter Unterlage ausrollen. Runde Scheiben von etwa 12 bis 15 cm Durchmesser ausschneiden.
Für die Füllung Zwiebel schälen und hacken. Die Paprikaschoten waschen und von Kernen befreien, sehr fein schneiden. Beides kurz in heißem Öl andünsten. Nach dem Erkalten mit feinzerzupftem Thunfischfleisch, Salz und Pfeffer vermengen. Die Masse teelöffelweise auf die Teigscheiben geben und diese halbmondförmig zusammenschlagen. Die Ränder fest andrücken. Auf ein

gefettetes Backblech legen, mit Eigelb bepinseln und 30 Minuten im vorgeheizten Backofen (Elektro 200 °C / Gas 3) abbacken.
In Spanien werden diese *empanadas* oft noch in der traditionellen Weise schwimmend in heißem Öl gebacken, sie sind dann allerdings sehr kalorienreich.
Die Füllung kann natürlich auch entsprechend der häuslichen Vorratslage verändert werden und z.B. aus gegarten Erbsen mit Schinkenstreifen und Zwiebelwürfeln oder aus Krabben mit Tomaten oder aus Stockfisch und Paprikaschoten bestehen.

Mejillones a la vizcaína

Atlantikmuscheln

(Foto Seite 35)

1 kg Miesmuscheln · 1 Glas Weißwein
3 EL Zitronensaft · Salz · Pfeffer
Für die Sauce:
6 EL Öl · 2 EL Weinessig · ½ Zwiebel
1 Stückchen roter Paprika · 1 Knoblauchzehe · Salz
Pfeffer aus der Mühle · Petersilie

Die Muscheln sehr gründlich putzen, dabei die Bärte entfernen und mehrere Male waschen. Verletzte oder geöffnete Muscheln wegwerfen. In Weißwein mit Salz, Pfeffer und Zitronensaft bei geschlossenem Deckel garen, bis sich alle Muscheln öffnen. Zwischendurch den Topfinhalt ein- bis zweimal kräftig umschütteln, damit sich die Hitze gleichmäßig verteilt.
Die Muscheln abkühlen lassen, aus den Schalenhälften nehmen. Die Hälfte der Schalen säubern und auf eine Platte legen. Damit sie nicht kippen, können Sie zuvor eine dicke Lage Salz auf die

Platte geben und dann da hinein die Muschelhälften drücken. Die einzelnen Muscheln wieder in die sauberen Schalen füllen. Aus Öl, Essig, feingehackten Paprikawürfeln, zerdrücktem Knoblauch, Salz und frischgemahlenem Pfeffer eine recht pikante Sauce rühren. Mit Hilfe eines Teelöffelchens vorsichtig über die Muscheln verteilen. Zum Schluß gehackte Petersilie darüberstreuen.
Dieses Muschelgericht gewinnt an Geschmack, wenn es etwas durchzieht. Es wird gewöhnlich als Vorgericht oder als Beilage zum Aperitif serviert.

Almejas al ajillo

Herzmuscheln in Knoblauchsauce

(Foto Seite 35)

Für 12 Portionen
500 g Herzmuscheln (ersatzweise Sand- oder Miesmuscheln)
Salz · 3 große Knoblauchzehen · 2 rote Chilischoten
½ Bund glatte Petersilie · 8 EL Olivenöl · 1 EL Mehl
½ EL Paprikapulver · 200 ml Weißwein · ½ EL Senf

Die Muscheln säubern. Dazu in wenig Wasser mit viel Salz aneinanderreiben. Mehrmals spülen und abtropfen lassen, offene Muscheln wegwerfen.
Den Knoblauch pellen, die Chilischoten putzen. Beides mit der Petersilie fein hacken. Bei milder Hitze in Öl andünsten. Mehl und Paprikapulver darüberstäuben, kurz anschwitzen, den Wein und den Senf unterrühren.
Die Sauce aufkochen, die Muscheln in den Topf geben. 10 Minuten im geschlossenen Topf kochen, ab und zu durchrütteln. Mit viel Brot servieren.

Ensalada rusa

Russischer Salat

600 g Salatkartoffeln · 1 kleine Zwiebel
½ Knoblauchzehe · 1 kleine Dose Thunfisch · 1 Möhre
50 g Tiefkühlerbsen · 4 EL Mayonnaise · 1 EL Essig
Salz · Pfeffer · Petersilie · Tomatenpaprika · Oliven

Trotz des ausländischen Namens ist dieser Salat in Spanien ausgesprochen populär. Er wird meist mit einer dicken Mayonnaiseschicht bedeckt auf dem Bartresen zum Verzehr angeboten. Der Wirt füllt ihn portionsweise auf kleine Schälchen. Durch den hohen Fettgehalt der Mayonnaise soll der Salat dazu beitragen, den Alkohol besser zu vertragen.

Die Kartoffeln am besten in der Schale garen. Pellen und in 1 cm große Würfel schneiden. Die Zwiebel sehr fein hacken. Die Knoblauchzehe zerdrücken. Vom Thunfisch das Öl abgießen, das Fischfleisch fein zerzupfen. Die Möhre schälen, würfeln, in Salzwasser fast gar dünsten, dann die Erbsen zugeben. Diese noch 5 Minuten mitkochen lassen. Das Gemüse beifügen und alles mit Mayonnaise, Essig, Salz und Pfeffer würzig-pikant abschmecken. Nun die Eier kochen, schälen und am besten mit Hilfe des Eierschneiders in kleine Würfelchen zerteilen. ⅔ davon unter den Salat mischen.

Die Spanier geben wesentlich mehr Mayonnaise hinzu. Sie können statt dessen auch etwas Joghurt oder heiße Brühe unter den Salat mengen. Sockelartig auf einer Platte anrichten. Mit dem restlichen Ei bestreuen. Dann mit Petersilie, Streifen eingelegter Paprikaschoten und Scheiben gefüllter Oliven ansprechend garnieren.

Tortilla de espinacas

Spinat-Tortilla

(Foto Seite 36)

Für 16 Stück
200 g Blattspinat · 1 EL Pinienkerne · 1 Zwiebel
½ rote Paprikaschote · 5 EL Olivenöl · ½ TL Fenchelsaat
1 EL Paprikapulver · Salz · Pfeffer · 4 Eier

Den Spinat grob hacken. Die Pinienkerne in einer Pfanne ohne Fett hellbraun rösten. Die Zwiebel pellen und in halbe Ringe schneiden. Die Paprikaschote putzen und in Streifen schneiden.
3 EL Öl in einer großen Pfanne nicht zu heiß werden lassen. Die Fenchelsaat darin anbraten. Zwiebel zugeben und 3 Minuten dünsten. Mit dem Paprikapulver bestäuben. Paprikaschoten zugeben und 2 bis 3 Minuten dünsten. Spinat zugeben. Kräftig mit Salz und Pfeffer würzen und 3 Minuten dünsten, dann aus der Pfanne nehmen.
Die Eier verquirlen und im restlichen Öl in der Pfanne von unten stocken lassen. Die Spinatmischung auf den Eiern verteilen. Mit Pinienkernen bestreuen. Die Tortilla bei milder Hitze ganz fest werden lassen.
Tortilla auf ein Brett gleiten lassen. Wie eine Torte in 16 Stücke schneiden. Die Spitze vornüberklappen und mit einem Holzstäbchen feststecken. Lauwarm oder kalt servieren.

Garbanzos con tomate

Kichererbsen mit Tomaten

(Foto Seite 35)

Für 12 Portionen

4 EL Olivenöl · 1 TL Fenchelsaat · ½ Dose geschälte Tomaten
½ Dose Kichererbsen · Salz · Cayennepfeffer · 2 Msp Zimt
Zucker · 2 Stiele Minze · 3 Stiele glatte Petersilie

Das Olivenöl nicht zu heiß werden lassen, die Fenchelsaat darin bei milder Hitze anbraten. Den Saft der Tomaten abgießen, die Tomaten grob zerschneiden und zur Fenchelsaat geben. Die Kichererbsen abspülen, abtropfen lassen und ebenfalls zugeben. Kräftig mit Salz und Cayennepfeffer und leicht mit Zimt und Zucker würzen. Im offenen Topf 5 bis 7 Minuten leicht dicklich einkochen. Minze- und Petersilienblätter von den Stielen zupfen, unter das Gemüse heben und kurz durchziehen lassen. Lauwarm servieren.

Albóndigas

Hackfleischbällchen

(Foto Seite 17)

1 altbackenes Brötchen · 500 g gemischtes Hackfleisch
1 kleine Zwiebel · 1 Ei · Salz · Pfeffer · 4 EL Öl zum Braten
1 EL Mehl · ¼ l Brühe · ½ Knoblauchzehe
1 TL Tomatenmark · ¼ l Brühe

Das Brötchen in warmem Wasser quellen lassen, gut ausdrücken und fein zerzupfen. Mit dem Hackfleisch, feingehackter Zwiebel,

Ei, Salz und Pfeffer zu einem geschmeidigen Hackfleischteig verarbeiten. Mit nassen Händen zu walnußgroßen Bällchen formen. In einer Pfanne das Öl erhitzen und die Bällchen unter schüttelnden Bewegungen appetitlich braun braten. Das Mehl in die Pfanne stäuben, kurz bräunen lassen, dann mit Brühe ablöschen. Diese feinwürzig mit Knoblauch, Salz, Pfeffer und Tomatenmark abschmecken.

Champiñones en salsa picante

Gedünstete Champignons

400 g kleine Champignons · 2 EL Zitronensaft
80 g durchwachsener Speck · 2 EL Öl · 2 Frühlingszwiebeln
2–4 Knoblauchzehen · Salz · Pfeffer

Die Champignons von Wurzelansätzen und faulen Stellen befreien. Gründlich waschen, vierteln. Mit Zitronensaft beträufeln. Den Speck in schmale Streifen schneiden, mit dem Öl in einer Pfanne glasig dünsten. Die Frühlingszwiebeln putzen, waschen, mit dem Grün in daumenbreite Stücke schneiden, im Fett kurz dünsten. Dann die Champignons mit dem Zitronensaft zufügen. Großzügig mit geschälten, grobgehackten Knoblauchzehen, Salz und Pfeffer würzen. Die Champignons dürfen nicht zu weich werden und sollen noch etwas Biß behalten.

Chuletas de cordero al vinagre de uvas

Lammkoteletts mit Traubenessig

(Foto Seite 35)

4 Lammkoteletts · Salz · grober schwarzer Pfeffer
1 EL spanischer Brandy
2 EL roter Traubenessig oder Rotweinessig
1 EL Olivenöl · 1 Stiel Minze

Koteletts salzen und in einer Eisenpfanne ohne Fett langsam goldbraun braten. Mit Pfeffer bestreuen.
Brandy, Essig, Öl und die Hälfte der Minze in die Pfanne geben. Die Koteletts mehrfach in der Mischung wenden und die Flüssigkeit verdampfen lassen. Die geschmorte Minze wegwerfen. Die Koteletts mit restlicher Minze garnieren.

Riñones al Jerez

Kalbsnieren in Sherrysauce

(Foto Seite 36)

Für 6 Portionen
1 Kalbsniere · 2 Knoblauchzehe · 3 EL Olivenöl
1 TL Paprikapulver · 100 ml Sherry
1 grüne Chilischote · Salz

Die Niere in kleine Stücke schneiden, dabei gut putzen. Den Knoblauch pellen und längs in dünne Scheiben schneiden.
Den Knoblauch im Olivenöl glasig dünsten, das Paprikapulver

unterrühren und ganz kurz anschwitzen. 4 EL Sherry zugießen und bei milder Hitze verdampfen lassen.
Inzwischen die Chilischote putzen und in 1 cm breite Stücke schneiden. Wenn der Sherry verdampft ist, die Niere und die Chilischote zugeben und unter Rühren andünsten. Salzen. Den restlichen Sherry zugießen und bei milder Hitze im offenen Topf 5 bis 7 Minuten garen.

Deftige Suppen und würzige Saucen

So unterschiedlich wie die Landschaften Spaniens, so verschieden sind auch die Suppen. Neben der leichten Consommé, die zumeist feinwürzig mit Sherry abgeschmeckt wird, gehört die klare Brühe mit feinen Nudeln oder Reis zu den beliebtesten Suppen. Von der französischen Küche her beeinflußt sind Gemüse- und Champignoncremesuppen. In allen Küstenorten, aber auch in Madrid, werden Fischsuppen zubereitet. Dafür wird zumeist zunächst aus den Abfällen, also Köpfen, Rückenflossen und Gräten, die beim Filetieren von größeren Fischen anfallen, eine starke Fischbrühe gekocht, die durch Zugabe von Zwiebeln, Knoblauchzehen, Lorbeerblättern und feinen Safranfäden das ihr eigene Aroma bekommt. In der durchgesiebten Fischbrühe werden je nach Marktangebot Schalentiere, wie Garnelen, Langustinos, Krebse und Muscheln aller Art sowie Stücke von Weißfischen gegart. Die Verwendung von Blaufischen, also Sardinen, Heringen oder Makrelen, ist für die Fischsuppe tabu. Durch Zugabe von schnellgarendem Rundkornreis oder leicht mit Öl gerösteten frischen Weißbrotschnitten wird die Fischsuppe gehaltvoller.
Wer eine stark sättigende Suppe haben möchte, sollte eine der typischen Hülsenfruchtsuppen bestellen. Man bereitet sie sowohl aus Trockenerbsen wie aus Linsen, weichen Bohnen und den typischen spanischen Kichererbsen. Neben einigen Kartoffeln werden meistens verschiedene Stücke Schweinefleisch, unter Umständen ein Schinkenknochen sowie Blut- und Paprikamett-

würste in der Suppe gegart. Die Fleischzugabe ist aber relativ gering.
Gazpacho, das ist eine kalte Gemüsesuppe, die zur Hauptsache aus durchpassierten Tomaten und pürierter Gurke besteht, gilt im Sommer als köstliche Erfrischung.
Was die Saucen anbetrifft, so ist die ursprünglich von der Insel Mahón stammende Mayonnaise ja inzwischen auf der ganzen Welt bekannt. Auch die Variation mit Knoblauch ist bei vielen beliebt. Sehr eigenartig mutet uns die Verwendung von Schokolade in pikanten Saucen an. Diese Sitte ist auf mexikanische und maurische Einflüsse zurückzuführen.

SUPPEN

Sopa de ajo

Knoblauchsuppe

4 Knoblauchzehen · 4 EL Olivenöl

100 g Stangenweißbrot · 1 l Fleischbrühe · Paprika

4 kleine Eier · evtl. 1 kleiner Schuß Sherry

Die Knoblauchzehen schälen, grob hacken, dann in einer Pfanne in heißem Olivenöl rösten. Nach Möglichkeit den Knoblauch wieder aus der Pfanne nehmen. Das Weißbrot in Scheiben oder Würfel schneiden und unter Rühren oder Wenden in dem aromatisierten Öl goldbraun rösten. Rechtzeitig die Pfanne von der Kochstelle nehmen. Die Brühe mit Paprika würzen, zum Kochen bringen. Die Eier – es sollten unbedingt ganz frische sein – nacheinander jeweils in eine kleine Kelle aufschlagen und vorsichtig in die leise ziehende Brühe gleiten lassen. Achten Sie darauf, daß die Eier möglichst ihre ursprüngliche Form behalten und keine langen Eiweißschwänze bekommen. Die Suppen mit den Eiern auf 4 Teller verteilen, im allerletzten Moment die Brotscheiben oder Brotbröckchen daraufgeben. Wer will, kann diese Suppe zusätzlich noch mit etwas Sherry abschmecken, doch sollte der typische Knoblauch-Paprika-Geschmack unbedingt dominieren. Trotz geringem Arbeitsaufwand ist der Erfolg dieser typischen Suppe groß. Eine Spezialität aus Madrid, leicht, kalorienarm und duftend.

Sopa de almendras

Mandelsuppe

100 g Mandeln · 3 EL Öl · 3 Knoblauchzehen

1 rote Paprikaschote · 1 große Scheibe Weißbrot · Safran

schwarzer Pfeffer · Salz · ¾ l Brühe · Petersilie

Die Mandeln mit kochendem Wasser überbrühen, abziehen und mit Küchenkrepp trocknen. Das Öl in einem dickwandigen Topf erhitzen und die Mandeln unter stetigem Rühren goldbraun rösten. Aus dem Öl nehmen und mit einem Wiegemesser fein hakken. Den Knoblauch schälen, mit Hilfe einer Knoblauchpresse in das restliche Öl geben. Die Paprikaschote vom Stielansatz und Kernen befreien, waschen und in feine Ringe schneiden. Ebenfalls in den Topf geben und etwa 5 Minuten dünsten. Dabei gelegentlich rühren. Das Weißbrot würfelig schneiden, kurz mit anbraten. Nun die Mandeln, Gewürze und Brühe zufügen und den Topfinhalt bei schwacher Hitze 10 Minuten zugedeckt ziehen lassen. Eventuell verkochte Flüssigkeit wieder ergänzen. Die Suppe nochmals abschmecken und mit feingehackter Petersilie bestreut auftragen.

Sopa de ajo con uvas

Knoblauchsuppe mit Weintrauben

50 g Mandeln · 3 Knoblauchzehen
5 EL dunkle oder weiße Brotkrumen · 1 EL Essig
2 EL Öl · gut ½ l Wasser · 1 Tasse Eiswürfel
500 g helle Trauben · Salz

Die Mandeln überbrühen, abziehen und fein mahlen. Mit durchgepreßten Knoblauchzehen, Brotwürfeln, Essig und Öl vermischen. Dann das Wasser, die Eiswürfel und die gehäuteten, entkernten Weintrauben zugeben. Alles mit Salz abschmecken und zugedeckt ½ Stunde im Kühlschrank durchziehen lassen. Als erfrischende Vorsuppe an heißen Spätsommertagen servieren.

Gazpacho andaluz

Kalte Gemüsesuppe

(Foto Seite 53)

1 Salatgurke (ca. 300 g) · 500 g fleischige Tomaten
1 rote Paprikaschote · 1 grüne Paprikaschote · 2 Zwiebeln
2 Knoblauchzehen · 2 EL Olivenöl · 1 EL Essig
½ l entfettete Hühnerbrühe · Salz · 4 Scheiben Toastbrot
40 g Butter oder Margarine · evtl. Petersilie

Die Salatgurke schälen, würfeln. Die Tomaten überbrühen, schälen, ebenfalls in Würfel schneiden. Dann die Paprikaschoten putzen, gut waschen, abtropfen lassen und in schmale, nicht zu lange Streifen schneiden. Die Zwiebel schälen und in kleine Würfel

schneiden. Das so vorbereitete Gemüse in zwei Portionen teilen. Die eine Hälfte jeweils separat in Schälchen füllen. Den Rest im Mixer oder mit dem Schneidestab pürieren. Die Knoblauchzehen durchpressen, mit Öl, Essig, Hühnerbrühe und Salz unter das Gemüsepüree mischen. Zwei Scheiben vom Toastbrot zerkrümeln und unterrühren. Die Suppe an kühler Stelle durchziehen lassen, vor dem Servieren abschmecken. Sie können außerdem im letzten Moment eine Handvoll Eiswürfel darunterrühren, denn eiskalt schmeckt die Suppe am allerbesten.
Die restlichen Toastscheiben in Würfel schneiden und in heißem Fett knusprig rösten. Gelegentlich wird auf das Anrösten der Weißbrotwürfel verzichtet. Die Brotwürfel ebenfalls in ein Schüsselchen geben.
Die Zutaten für diese andalusische Spezialität variieren je nach Vorratslage. In Madrid bereitet man *gazpacho* in der Hauptsache aus Tomaten. Üblicherweise wird die Suppe aus Tonschüsseln gegessen. Man schöpft zuerst von der köstlich duftenden Suppe und nimmt dann nach persönlichem Geschmack Gurken, Tomaten, Paprika, Zwiebelwürfel, Weißbrotbröckchen und Petersilie zum Darüberstreuen.

Consomé madrileño

Madrider Brühe

2 Scheiben Weißbrot · 1 mittelgroße Zwiebel · 2 EL Öl
2 kleine Eier · Salz · Pfeffer · evtl. etwas Paniermehl
Öl zum Braten · 1 l Fleischbrühe · Petersilie

Für die Suppeneinlage das Brot kleinwürfelig schneiden. Die Zwiebel schälen, sehr fein hacken und mit den Brotwürfeln in heißem Öl unter ständigem Rühren goldbraun rösten. In eine Schüssel geben, mit Eiern, Salz und Pfeffer vermengen. Wenn die Masse zu weich ist, noch etwas Paniermehl zugeben. Es dauert kurze Zeit, bis das Paniermehl die überschüssige Feuchtigkeit aufsaugt. Mit nassen Händen kleine Kugeln formen. In einer großen Pfanne reichlich Öl heiß werden lassen. Die Klößchen darin goldbraun braten, dabei die Pfanne möglichst kontinuierlich schütteln. Die knusprigen Klößchen auf Teller verteilen. Im allerletzten Moment mit kräftiger, sehr heißer Brühe auffüllen und mit feingehackter Petersilie bestreuen.

Sopa de gato

Andalusische Katzensuppe

1 l Wasser · Salz · 1 Knoblauchzehe · 4 EL Olivenöl

Paprika · 100 g altbackenes Weißbrot in dünnen Scheiben

2 Eier · 2 EL Reibekäse

Es tut mir leid, Sie enttäuschen zu müssen, aber Katzenfleisch enthält diese Suppe nun doch nicht! Woher sie ihren eigentümlichen Namen hat, war nicht zu ergründen.

In einem dickwandigen Topf Wasser mit Salz, feingehackter Knoblauchzehe, Paprika und Öl zum Kochen bringen. Dann das Weißbrot dazugeben und zugedeckt bei milder Hitze etwa 20 Minuten köcheln, so daß sich das Brot komplett in der Brühe auflöst. Die Eier mit dem Käse in einer kleinen Schüssel mit Hilfe einer Gabel sehr gründlich verschlagen. Den Topf von der Kochstelle nehmen, die Eimasse in feinem Strahl hineinlaufen lassen, dabei rühren. Den Deckel auflegen und die Suppe 10 Minuten quellen lassen. An kalten Wintertagen servieren.

In armen spanischen Familien wird diese Suppe oftmals ohne die Zugabe von Ei und Käse gegessen.

Mejillones a la vizcaína · *Atlantikmuscheln* (Rezept Seite 21)

Almejas al ajillo · *Herzmuscheln in Knoblauchsauce* (Rezept Seite 35)

Garbanzos con tomate · *Kichererbsen mit Tomaten* (Rezept Seite 25)

Chuletas de cordero al vinagre de uvas · *Lammkoteletts mit Traubenessig* (Rezept Seite 27)

Tortilla de espinacas · *Spinat-Tortilla* (Rezept Seite 24)

Fritos de pescado con Alioli · *Fisch-Schnitzel mit Alioli* (Rezepte Seite 19 und 44)

Riñones al Jerez · *Kalbsnieren in Sherrysauce* (Rezept Seite 27)

Sardinas en aceite con alcaparras · *Ölsardinen mit Kapern* (Rezept S. 18)

Sopa de alubias

Bohnensuppe

250 g getrocknete weiße Bohnen · 250 g Schweinebauch
1 Lorbeerblatt · 3 Wacholderbeeren · 1 Nelke · Salz
1 Stange Lauch · 20 g Margarine · 1 EL Mehl · ¼ l Brühe
Majoran · Essig · evtl. 1 Schuß Sahne

Die Bohnen waschen und mit reichlich Wasser über Nacht quellen lassen. Mit dem Schweinebauch und den Gewürzen mit reichlich Wasser knapp garen. Inzwischen den Lauch putzen, waschen, in Ringe schneiden, dann zufügen. Nach 30 Minuten den Schweinebauch herausnehmen und in Würfel schneiden, die Hälfte der Bohnen durch ein Sieb passieren. Aus Margarine, Mehl und Brühe eine helle Mehlschwitze bereiten. Jetzt die Fleischwürfel, die durchpassierten und die unversehrten Bohnen sowie die Mehlschwitze miteinander vermischen. Alles würzig mit Majoran und Essig abschmecken und noch einmal gut heiß werden lassen. Wer will, kann die Suppe mit einem Schuß Sahne verbessern. Unbedingt nötig ist das aber nicht.
Es schmeckt auch sehr gut, wenn Sie kurz vor dem Servieren 1 bis 2 in Würfel geschnittene Tomaten untermischen.

Caldereta asturiana

Asturianische Fischsuppe

800 g gemischte Seefische (Kabeljau, Schellfisch, Goldbarsch, Seehecht, Heilbutt, Steinbutt, Hornhecht, Barben etc.)
2 EL Essig · 500 g Zwiebeln · 1/8 l Olivenöl
500 g kleine Langusten und Muscheln · 1/4 l trockener Weißwein
Paprika · Pfeffer · Nelke · Muskat · Salz
1 Bund Petersilie, grob gehackt

Bei den Seefischen sollte es sich unbedingt um Fische mit festem weißen Fleisch handeln. Die Suppe darf niemals mit Blaufischen wie Makrelen, Hering oder Thunfisch zubereitet werden.
Die Fische reinigen und am besten mit Meerwasser waschen. Die Zwiebeln schälen, in Scheiben schneiden. Das Öl in einem großen Topf erhitzen. Die Hälfte der Zwiebeln hineingeben. Nun abwechselnd Fisch, Langusten, Muscheln und Zwiebeln in den Topf füllen. Obenauf wieder einige dünne Zwiebelscheiben legen. Diese Mischung gut würzen. Seien Sie großzügig mit Paprika. Mit Weißwein ablöschen und soviel Fischbrühe oder Salzwasser auffüllen, daß alle Zutaten damit knapp bedeckt sind. Am besten schmeckt die Suppe mit kräftiger Fischbrühe oder mit frischem Meerwasser zubereitet. Bei starker Hitze und gut geschlossenem Deckel zum Kochen bringen, doch den Deckel auf keinen Fall abnehmen, wenn Dampf entweicht. Dann die Hitze sogleich reduzieren und den Topfinhalt 10 Minuten garen. Die Fischsuppe wird im selben Topf serviert, in dem sie zubereitet wurde.

Calderada

Galicische Fischsuppe

250 g Kabeljau · 250 g Schellfisch
250 g Rotbarsch · 250 g Heilbutt · 3 Knoblauchzehen
2 Zwiebeln · 2 Bund Petersilie · 1 Lorbeerblatt · 2 EL Essig
5 EL Olivenöl · 1 EL Mehl · Salz · Pfeffer

Die Fische säubern und in etwa 4 cm große Stücke schneiden. Die Knoblauchzehen durchpressen. Die Zwiebeln schälen, grob zerhacken. Ein Bund Petersilie grob zerkleinern. Nun den Fisch mit Knoblauch, Zwiebeln, Petersilie, Lorbeerblatt, Essig und Öl vermischen. Das Mehl darüberstäuben. Zudecken und etwa 3 Stunden stehenlassen. 1½ l Wasser mit dem vorbereiteten Fisch zum Kochen bringen und circa 15 Minuten kochen lassen. Die Brühe absieben, noch einmal abschmecken und mit gehackter Petersilie servieren. Die Fischstücke werden auf einer Platte separat serviert, außerdem wird frisch geröstetes Stangenweißbrot dazu gereicht.

Caldo de pimentón

Fischsuppe mit Paprika

500 g Seefische · 4–6 Kartoffeln
1 grüne Paprikaschote · 1 rote Paprikaschote · Salz
Pfeffer · Kümmel · Safran · 1 Knoblauchzehe
2 TL Paprika · 2 EL Olivenöl · Petersilie

Diese Suppe schmeckt am besten, wenn sie in einer größeren Quantität zubereitet wird. Sie sollten versuchen, ein möglichst reichhaltiges Sortiment verschiedener Fische dafür zu verwen-

den, was bei einer kleinen Portion aber leider recht kompliziert ist. Reste können problemlos eingefroren werden.
Die Fische waschen, putzen und von Gräten befreien. In Stücke schneiden. Die Kartoffeln schälen und in dicke Scheiben teilen. Die Paprikaschoten vierteln, von Stielansätzen und Kernen befreien und in dünne Streifen schneiden. Nun die Kartoffeln mit gut 1 l Wasser 15 Minuten garen. Fisch- und Paprikastücke dazugeben. In einer kleinen Schüssel, besser noch in einem traditionellen Mörser, einige gare Kartoffelstückchen mit den Gewürzen und dem Öl verstampfen. Diese Mischung zur Suppe geben. Sobald der Fisch gar ist, alles abschmecken. Die Paprikaschoten dürfen durchaus noch einen leichten Biß aufweisen.

Sopa de pescado

Fischsuppe

(Foto Seite 71)

1 kleine Zwiebel · 1 mittelgroße Lauchstange

3 EL Olivenöl · 2 Knoblauchzehen · 2 cl spanischer Weinbrand

300 g gehäutete Fleischtomaten · 1/4 l trockener Weißwein

1 Döschen Safran · Salz · schwarzer Pfeffer aus der Mühle

6 EL feine Semmelbrösel · 500 g Kabeljau oder Seeteufel

200 g Krabben · 200 g Venusmuscheln

Die Zwiebel schälen und fein hacken. Den Lauch putzen, längs aufschlitzen und gut ausspülen. In feine Ringe schneiden und in einem großen Topf in heißem Olivenöl mit der Zwiebel glasig dünsten. Den geschälten Knoblauch durch die Presse dazudrükken. Mit dem Weinbrand ablöschen.
Die Fleischtomaten in grobe Stücke schneiden und zufügen. Kurz

andünsten, den Wein zugießen und mit dem Safran, Salz und Pfeffer würzen. Die Semmelbrösel untermischen und mit 1 l Wasser aufgießen. Alles 15 Minuten köcheln lassen, bis sich alles gut verbunden hat.
Inzwischen den Fisch in mundgerechte Stücke schneiden und zusammen mit den Krabben und den gut gewaschenen Venusmuscheln zufügen. 10 Minuten bei geringer Hitze gar ziehen lassen. Die Fischsuppe nochmals abschmecken und falls nötig nachwürzen.

SAUCEN

Salsa Romescu

Mandelsauce

1/4 l Olivenöl · 1 kleine rote scharfe Pfefferschote

1 Scheibe Weißbrot · 3 Knoblauchzehen

50 g Mandeln oder Haselnüsse · 1/8 l Wein

Muskatnuß · Salz

Das Öl in einem eisernen Topf erhitzen und die rote Pfefferschote sowie die Brotscheibe darin fritieren. In einem Mörser oder Mixbecher die Knoblauchzehen mit gerösteten Mandeln oder Haselnüssen zerkleinern. Dann die scharfe Pfefferschote sowie die Brotscheiben zufügen und alles pürieren, bis sich eine gleichmäßige Paste bildet. Zum Schluß den Wein sowie Muskatnuß und Salz zugeben.
Diese in Tarragona sehr populäre Sauce ist antiken Ursprungs und wird besser, wenn sie vor dem Verzehr wenigstens einige Stunden durchziehen kann.

Salsa de naranjas

Orangensauce

2 EL Öl · 2 EL Mehl · knapp ¼ l Brühe
4 EL Sahne · Salz · Pfeffer
feingeriebene Schale von ½ unbehandelten Orange
Saft von 1 Orange · 1 Schuß Sherry · 1 Prise Zucker

Das Öl erhitzen und das Mehl darin anschwitzen. Es soll leicht bräunen. Unter kräftigem Rühren die Brühe und die Sahne dazugeben. Die Sauce mit Salz und Pfeffer abschmecken. 10 Minuten leise köcheln lassen, dabei ab und zu umrühren. Nun den Topf von der Kochstelle nehmen und nacheinander Orangenschale, Orangensaft, Sherry sowie 1 Prise Zucker zugeben. Sofort auftragen.
Diese aparte Sauce aus der Gegend von Murcia können Sie sowohl zu Fischgerichten als auch zu Hühnerfleisch oder Kalbfleisch reichen.

Cazuela a la catalana

Katalanische Rindfleischsauce

2 Zwiebeln · 2 Möhren · 2 Tomaten · 2 EL Olivenöl
2 Knoblauchzehen · 600 g gehacktes Rindfleisch · 1 EL Mehl
ca. ¼ l Brühe · Salz · Pfeffer · Lorbeerblatt
1 Nelke · etwas Thymian

Die Zwiebeln schälen, würfeln. Die geschälten Möhren fein raspeln. Die Tomaten überbrühen, häuten und würfeln. Dabei die harten Stielansätze herausschneiden. Die so vorbereiteten Zutaten in heißem Öl 10 Minuten dünsten. Den Knoblauch schälen, durchpressen und mit dem Gehackten dazugeben. Sobald das Fleisch beginnt, kürmelig zu werden, das Mehl darüberstäuben. Brühe und Gewürze dazugeben und bei milder Hitze alles etwa 30 Minuten garen. Diese wohlschmeckende Fleischsauce gibt es zu Teigwaren oder Reis. Da sie sich sehr gut einfrieren läßt, ist es ratsam, gleich die doppelte Portion zuzubereiten. Ein Schuß trockener Rotwein, kurz vor dem Auftragen unter die Sauce gerührt, verbessert den Geschmack noch.

Salsa verde

Grüne Sauce

⅛ l Olivenöl · Saft von ½ Zitrone · ¼ grüne Paprikaschote

1 EL Kapern · Petersilie · Schnittlauch · Estragon

Zitronenmelisse · Basilikum · evtl. 1 Msp Senf

Salz · Pfeffer · Zucker

Das Öl mit Zitronensaft verschlagen. Die Paprikaschote putzen. Paprika, Kapern und Kräuter fein hacken oder aber alle Zutaten zusammen im Mixer pürieren. Gut würzig abschmecken. Die Sauce sollte nach Möglichkeit mindestens 3 Stunden durchziehen.

Man reicht sie zu gekochtem Rindfleisch, gekochtem weißen, warmen oder kalten Fisch. Aber auch zu hartgekochten Eiern oder halbierten Tomaten ist sie eine vorzügliche Ergänzung. Wenn Sie über einen eigenen Kräutergarten verfügen, können Sie das Kräutersortiment natürlich noch durch Zugabe von Liebstöckel, Majoran, Pimpernelle und Borretsch ergänzen.

Alïoli

Knoblauchmayonnaise

(Foto Seite 36)

5–20 Knoblauchzehen, je nach Geschmack und Größe
2 Eigelb · Saft von ½ Zitrone · Salz
¼ bis ½ l Olivenöl · Safran

Zunächst den Knoblauch entweder schälen und fein hacken oder aber nach und nach durch die Knoblauchpresse drücken. Dieses Verfahren ist bei Verwendung einer größeren Menge von Knoblauch unbedingt anzuraten. Den Knoblauch mit Eigelb, Zitronensaft und Salz gut verrühren. In einem feinen Strahl das zimmerwarme Öl hineinlaufen lassen, dabei die Masse nach Möglichkeit mit dem Elektroquirl fortwährend schlagen. Zum Schluß Safran zugeben.

Wenn Sie es sehr eilig haben, können Sie natürlich Alioli auch aus industriell gefertiger Mayonnaise herstellen, die Sie einfach mit reichlich durchgepreßten Knoblauchzehen und etwas Zitronensaft verrühren. Zugedeckt hält sich die Sauce im Kühlschrank etwa 1 Woche, sie sollte aber nie in der sehr kalten Zone des Kühlschranks aufbewahrt werden. Alioli gibt es zu frisch getoastetem Weißbrot, welches zu Fischsuppen oder gekochten Langostinos gegessen wird. Auch ganz einfache Kartoffeln, die halbiert auf einem Blech im Ofen gebacken wurden, werden durch die Beigabe von Alioli zum Festmahl.

Mayonnaise und möglicherweise auch die mit ihr verwandte Alioli sollen menorcischen Ursprungs sein und wurden früher grundsätzlich in den immer noch weit verbreiteten Mörsern zubereitet.

Fleisch, Wild und Geflügel

Den besten Überblick über das vielfältige Fleischangebot bekommen Sie beim Besuch einer der Markthallen in einer Großstadt. Sie werden zu Ihrem Erstaunen feststellen, daß die meisten Händler nur ein kleines Sortiment anbieten. Vielfach beschränkt sich einer auf den Verkauf von prallen rohen, luftgetrockneten Schinken oder von Blut- und Mettwürsten, die zumeist mit reichlich Knoblauch und Paprika gewürzt wurden. Streichwürste in der Art von Leber- oder Rügenwalderwurst gibt es nicht. Aus Frankreich hat man die Sitte der Pâté-Herstellung übernommen, so daß diese in vielen Variationen und Geschmacksrichtungen zu haben sind.

Rind- und Schweinefleisch werden meistens sehr frisch angeboten, was klimatisch bedingt ist. Beim Schwein wird zunächst die ganze Fettschicht mit den Schwarten abgelöst. Dadurch wird das Schweinefleisch vergleichsweise sehr mager. Die Innereien, aber auch Ohren und Kopffleisch werden gerne für Suppen und Eintöpfe verarbeitet. Auch hierfür gibt es Spezialmetzger.

Kalbfleisch ist nur sehr selten im Handel. Vorzüglich ist das Angebot an Lamm- und Hammelfleisch. Der Kaninchenbraten wird von vielen Spaniern geschätzt. Versäumen Sie nicht, ein spanisches Huhn zu probieren. Im Gegensatz zu Deutschland werden die frischen, fleischigen Hühner nur selten gefroren. Auch Fasane, Rebhühner und Wachteln spielen in der spanischen Küche eine große Rolle.

Tiefgekühltes Fleisch, zuweilen aus Australien, Neuseeland oder Südamerika importiert, wird niemals von den Metzgern verkauft, die Frischfleisch anbieten. Der Handel mit Tiefkühlware findet im allgemeinen in den Kellergeschossen der Markthallen statt. Die Preise dafür sind natürlich entsprechend niedriger.
Überhaupt werden Sie beobachten können, daß die spanische Hausfrau außerordentlich preisbewußt und überlegt einkauft. An die Geduld des Verkäufers, der ihr die sieben oder acht Fleisch-, Wurst- und Speckstückchen für den mittäglichen Eintopf zurechtschneidet, stellt sie große Ansprüche.

FLEISCHGERICHTE

Magras con tomate

Schinkenschnitzel in Tomatensauce

4 Scheiben magerer gekochter Schinken, ca. 1 cm dick
Milch zum Wenden · 50 g Schweineschmalz
4 Scheiben Weißbrot · ½ TL Zucker · ½ Glas Weißwein
2 EL Essig · 1 Dose geschälte Tomaten · Salz · Pfeffer

Die Schinkenscheiben halbieren, so daß Rechtecke entstehen, in Milch wenden. Etwas abtropfen lassen, in einer großen Pfanne von beiden Seiten in heißem Schmalz kurz braten. Die Brotscheiben ebenfalls teilen und im übrigen Fett goldbraun braten. Sollte das Brot sehr trocken sein, können Sie es zuvor mit etwas Milch beträufeln. Dachziegelartig abwechselnd Schinken und Brotscheiben in eine rechteckige, angewärmte Auflaufform legen. Nun den Zucker im übrigen Fett karamelisieren lassen. Er darf aber nicht zu dunkel werden, weil die Sauce dann bitter würde. Mit Wein und Essig ablöschen. Die Tomaten nach Möglichkeit im Mixer oder mit dem Schneidestab zu dicker Sauce pürieren. Diese in die Pfanne gießen und rasch heiß werden lassen. Dabei rechtzeitig für starke Hitze sorgen, weil sonst Schinken und Brot inzwischen kalt werden. Die Sauce würzig mit Salz und Pfeffer abschmecken, über das Gericht gießen und dieses unmittelbar danach auftragen.

Chuletas de cerdo a la madrileña

Madrider Schweinekoteletts

2 Knoblauchzehen · 1 Zwiebel · 1 Bund Petersilie

½ TL Paprika · Salz · Pfeffer · 3 EL Olivenöl

4 Schweinekoteletts · Öl zum Braten

Bereiten Sie zunächst eine Beize aus zerdrückten Knoblauchzehen, geschälter, feingehackter Zwiebel, kleingehackter Petersilie, Paprika, Salz, Pfeffer und Öl.

Die Koteletts an den Rändern etwas einkerben, damit sie sich beim Braten nicht wölben. Mit einem spitzen Messer das Fleisch leicht von den Hauptknochen lösen, so daß es gleichmäßig gart. Die so vorbereiteten Koteletts beiderseitig mit der Beize bestreichen und im Kühlschrank 24 Stunden ziehen lassen.

Sie können die Koteletts entweder wie üblich grillen oder in der Pfanne braten oder in eine großzügig gefettete Auflaufform legen, etwas Wein aufgießen und für 40 Minuten in den Backofen schieben. Es ist ratsam, die Form während der ersten 20 Minuten mit Alufolie abzudecken, weil sonst die Koteletts zu trocken werden.

Mit Kartoffelpüree und Gemüse der Saison servieren.

Lomo de cerdo con leche

Schweinefilet in Milch

1–2 Schweinefilets (ca. 500 g) · 1 große Knoblauchzehe

Salz · Pfeffer · 60 g Butter · Milch

Das Fett von den Schweinefilets sorgfältig entfernen und das Fleisch rundherum mit der halbierten Knoblauchzehe einreiben. Mit Salz und Pfeffer würzen. Die Butter in einem kleinen Schmortopf erhitzen und das Fleisch rundherum darin anbraten. Große Filets müssen eventuell zuvor quer halbiert werden, damit sie besser in den Topf passen. Wenn das Fleisch gebräunt ist, das Fett abgießen. Nun mit kochender Milch knapp bedecken. So lange kochen, bis die Milch ihre Farbe verändert. Das Fleisch herausnehmen, in dünne Scheiben schneiden und schuppenartig auf eine warme Platte legen. Mit heißer, würzig abgeschmeckter Sauce überziehen.
Dazu gibt es Kartoffelpüree und gebratene Paprikaschoten.

Chuletas de buey a la bilbaína

Rinderkoteletts auf baskische Art

Für 2 Personen

2 Rinderkoteletts (knapp 300 g) · Öl zum Grillen

2 rote Paprikaschoten · 2 grüne Paprikaschoten

Öl zum Fritieren · Salz · Pfeffer · 1 Zitrone

Rinderkoteletts werden bei uns gelegentlich vom Metzger unter der Bezeichnung T-bone Steaks angeboten. Normalerweise wird ja bei uns das Fleisch getrennt vom Knochen verkauft, es heißt dann Lende. Das Fleisch mit Öl bepinseln, leicht abgedeckt für 48 Stunden in den Kühlschrank stellen, damit es noch etwas nachreift und nicht zu zäh ist. Die Paprikaschoten von Stielansätzen und Kernen befreien, der Länge nach vierteln, dann quer achteln. In reichlich Öl nacheinander fritieren und abtropfen lassen. Mit Salz und Pfeffer würzen. Vielleicht haben Sie auch das Glück, gleiche Paprikaschoten zu bekommen, die Sie, von Stielen und Kernen befreit, im Ganzen fritieren können. Sie sind an sich für dieses Gericht typisch. Das Fleisch möglichst auf einem Holzkohlengrill von beiden Seiten appetitlich braun grillen. Wenn es gerade eben rosig gebraten ist, auf eine vorgewärmte Platte legen und mit den Paprikaschoten garnieren. Die Zitrone vierteln und zum Würzen dazureichen.

Chuletas de cordero a la navarra

Lammkoteletts Navarrer Art

Für 6 Personen

12 Lammkoteletts · 50 g Schweineschmalz

4 EL Olivenöl · Salz · Pfeffer · 100 g gekochter Schinken

1 große Zwiebel · 300 g Zwiebeln · Zucker

200 g Wurst aus Pamplona (eine Art Mettwurst)

Die Koteletts zunächst klopfen und mit einem spitzen Messer das Fleisch etwas vom Hauptknochen lösen, so daß es gleichmäßiger durchbrät. Schmalz und Öl in einer großen Pfanne erhitzen und die Koteletts bei starker Hitze rasch von beiden Seiten darin anbraten. Herausnehmen und in eine flache feuerfeste Tonform legen. Den Schinken in Stücke schneiden. Die Zwiebel schälen und würfeln. Beides zusammen im restlichen Bratfett andünsten. Nebenbei die Tomaten überbrühen. Die Schale abziehen, die Früchte kleinschneiden, dabei die harten Stielansätze und ein Teil der Kerne entfernen. Das Tomatenmus zur Schinkenmischung geben. Wer will, kann zuvor etwas vom Fett abgießen. Diese Mischung würzig pikant abschmecken. Den Säuregeschmack der Tomaten durch etwas Zuckerzugabe ausgleichen. Die Koteletts mit dieser Sauce gleichmäßig überziehen, dann in den Ofen schieben (Elektro 200 °C / Gas 3). Die Wurst in dünne Scheiben schneiden, 5 Minuten später auf den Tomatenbrei legen. Nach weiteren 5 bis 10 Minuten das Gericht servieren.

Cordero a la parilla

Gegrillte Lammkeule

1 Lammkeule · 4 Knoblauchzehen · Salz · Pfeffer
Olivenöl · 1 Zitrone

Die Lammkeule vom überschüssigen Fett befreien. Die Knoblauchzehen in keilförmige Stifte schneiden. Mit einem spitzen Messer die Oberfläche der Keule schräg einstechen, dann jeweils 1 Stückchen Knoblauchzehe hineinstecken. Das Fleisch rundherum mit Salz und Pfeffer kräftig würzen und mit Öl bepinseln.
Das beste Ergebnis erzielen Sie, wenn Sie die Lammkeule zunächst im Backofen vorgaren. Dafür auf dem Bratblech und unter Umständen mit etwas Flüssigkeitszugabe (Wasser, Brühe, Wein) 1 Stunde vorgaren. Wer das Fleisch sehr rosig haben möchte, kann die Keule natürlich schon etwas eher aus dem Backofen nehmen. Es ist ratsam, das Fleisch während des Bratens mit Alufolie zu bedecken oder in Bratfolie einzuwickeln.
Nun eine kräftige Holzkohlenglut entfachen. Die Holzkohle muß außen einen weißgrauen Schimmer aufweisen. Das ist das sichere Zeichen, daß sie genügend heiß ist. Den Grillrost zunächst sehr

heiß werden lassen, dann mit Öl bepinseln. Das abermals geölte Fleisch darauflegen. Der Abstand zur Feuerstelle richtet sich nach der Stärke der Keule sowie nach dem gewünschten Garungsgrad. Je dichter das Fleisch an der Feuerstelle liegt, um so stärker bräunt die Außenschicht. Zwischendurch die Keule immer wieder mit Öl bepinseln, doch dabei aufpassen, daß das Öl nicht in die Glut tropft. Die Lammkeule mit gegrillten Tomaten, knapp gegarten grünen Bohnen, Kartoffeln vom Blech und Knoblauchmayonnaise servieren. Auf einen dunklen spanischen Rotwein sollten Sie auf keinen Fall verzichten.

Cuixa de xai amb herbes aromatiques

Lammkeule mit Kräutern

(Foto Seite 89)

Für 6–8 Personen

5 Knoblauchzehen · 1 Lammkeule (ca. 2000 g)

5 EL Olivenöl · 3 Salbeiblätter · 1 Bund glatte Petersilie

1 Zweig Rosmarin · 1 Bund Thymian

Am besten schon am Vortag die Knoblauchzehen pellen und in Stifte schneiden. Die Lammkeule damit spicken und mit dem Olivenöl einreiben. Die Kräuter fein hacken, auf das Fleisch streuen und andrücken. Die Lammkeule in Alufolie packen und am besten über Nacht im Kühlschrank durchziehen lassen. Den Backofen auf 200 Grad vorheizen. Die Lammkeule in der Folie auf der 2. Einschubleiste von unten 1 Stunde garen. Die Folie entfernen und die Lammkeule weitere 15 bis 20 Minuten im Ofen braten. Das Fleisch in Scheiben schneiden und auf einer vorgewärmten Platte anrichten.

Jamón asado

Gebratener Schinken

4 Paprikaschoten · 2 Knoblauchzehen · Öl zum Braten
4 dicke Scheiben gekochter Schinken

Die Paprikaschoten der Länge nach vierteln, dabei Kernhaus und Stielansätze herausschneiden. Gründlich waschen, mit Küchenkrepp abtrocknen. Die Knoblauchzehen durchpressen und die Paprikaschoten damit würzen. In reichlich Öl in einer Pfanne die Paprikaschoten knapp weich braten. Sie müssen unbedingt noch etwas Biß behalten. Aus der Pfanne nehmen und warm halten. Das in der Pfanne verbliebene Öl duftet nun nach Knoblauch. Da hinein die Schinkenscheiben geben und diese ebenfalls braten. Auf vorgewärmte Teller erst die Schinkenscheiben legen, darauf die Paprika häufen. Mit Weißbrot, Reis oder Pommes frites und Salat eine rasch zubereitete und schmackhafte Mahlzeit.

Cochifrito

Lammragout

Für 5–6 Personen
1 kg Lammfleisch (Schulter, Keule)
½ l Rotwein · 5 EL Olivenöl · 2 Knoblauchzehen
4 Zwiebeln · 2 EL Mehl · Salz · Pfeffer
⅛ l Sahne · 10 entsteinte Oliven

Das Lammfleisch in gut gulaschgroße Würfel schneiden und in einer Schüssel mit Rotwein übergossen zugedeckt 12 Stunden marinieren. Das Fleisch aus dem Wein nehmen, abtropfen lassen.

Gazpacho andaluz · *Kalte Gemüsesuppe* (Rezept Seite 32)

In einem dickwandigen Schmortopf das Öl heiß werden lassen, die Fleischwürfel hineingeben und von allen Seiten gut bräunen. Die Zwiebeln schälen, grob hacken. Wenn das Fleisch hellbraun ist, mit den durchgepreßten Knoblauchzehen zufügen. Nun das Mehl darüberstäuben. Salzen, pfeffern und den Wein nach und nach angießen. Das Lammfleisch soll stets knapp mit Flüssigkeit bedeckt sein. Eventuell verkochte Flüssigkeit durch heißes Wasser ergänzen. Zugedeckt 90 bis 120 Minuten butterweich schmoren lassen. Zum Schluß die Sauce mit Sahne verrühren und die in Scheiben geschnittenen Oliven hinzufügen. Dazu gibt es Reis und einen trockenen roten Landwein.

Ternera a la cordobesa

Kalbsragout auf Cordobeser Art

800 g Kalbfleisch (Schulter) · 3 Zwiebeln
2 Knoblauchzehen · 6 EL Öl · 1 rote Paprikaschote
1 grüne Paprikaschote · 4 Tomaten · gut ¼ l Brühe
1 EL Paprika · Salz · Pfeffer · 1 Glas dunkler Rotwein
100 g Tiefkühlerbsen · 4 EL entkernte Oliven

Das Kalbfleisch in gulaschgroße Würfel schneiden. Die Zwiebel schälen, grob hacken. Die Knoblauchzehen durchpressen. Die Zutaten in einem Schmortopf in heißem Öl unter gelegentlichem Wenden appetitlich bräunen. Die Paprikaschoten vierteln, entkernen, in kleinfingerbreite Scheiben schneiden. Die Tomaten überbrühen, schälen und achteln. Paprikaschoten und Tomaten dazugeben, kurz mitschmoren lassen und mit Brühe auffüllen. Mit Salz, Paprika und Pfeffer würzen. Das Ganze zugedeckt im vorgeheizten Backofen (Elektro 175 °C / Gas 2½) etwa 45 Minuten schmoren. Cirka 5 Minuten vor Ende der Garzeit den Wein, die Erbsen und die Oliven hinzufügen. Heiß servieren.

Estofado de ternera

Rindfleisch im Topf

800 g Rindfleisch (Schulter) · 3 Knoblauchzehen
4 EL Olivenöl · 3 Zwiebeln · 2 Möhren
1 rote Paprikaschote · 1 grüne Paprikaschote · 2 Tomaten
1 Glas Weißwein · Brühe · Salz · Pfeffer
1 Lorbeerblatt · Thymian · 8–10 Kartoffeln · Petersilie

Das Fleisch in Portionsstücke schneiden, rundherum mit Knoblauch einreiben. Öl in einem dickwandigen Schmortopf heiß werden lassen und das Fleisch unter gelegentlichem Wenden darin leicht anbräunen. Die Zwiebeln schälen und achteln. Die Möhren schälen und in Scheiben schneiden. Die Paprikaschoten von Stielansätzen und Kernen befreien, waschen und in grobe Stücke zerteilen. Die Tomaten vierteln, dabei die Stielansätze herausschneiden. Das so vorbereitete Gemüse zum Fleisch geben und 10 Minuten mitbraten. Wein und so viel Brühe aufgießen, bis alle Zutaten gerade bedeckt sind. Mit Salz, Pfeffer, Lorbeerblatt und Thymian gut würzen. Einen Deckel auflegen. Bei milder Hitze 60 bis 90 Minuten schmoren. Wenn das Fleisch beinahe gar ist, die geschälten, in Scheiben geschnittenen Kartoffeln obenauf legen. Noch einmal etwas Brühe aufgießen. Abermals den Deckel auflegen und weitere 30 Minuten garen. Erst jetzt den Topfinhalt vorsichtig vermischen, dabei aufpassen, daß die Kartoffeln ihre Form behalten. Heiß zu Tisch bringen. Das Gericht schmeckt auch aufgewärmt vorzüglich.

Empanada de lomo a la gallega

Fleischpastete

Für den Teig:
400 g Mehl · 1 TL Salz · 125 g Schweineschmalz oder Butter
1 Ei · 4 EL Weißwein · etwas Wasser
Für die Füllung:
500 g Schweinefilet · 2 Zwiebeln · 2 Paprikaschoten
150 g magerer roher Schinken oder Knoblauchwurst
4 EL Olivenöl · 2 Knoblauchzehen · 2 EL Tomatenmark
½ Glas Weißwein · Salz · Pfeffer · Safran

Für den Teig das Mehl mit Salz auf eine Arbeitsplatte geben. Das Fett in Flöckchen darauf verteilen, in die Mitte eine Vertiefung drücken. Da hinein das Ei schlagen und den Weißwein gießen. Aus allen Zutaten rasch einen Teig kneten. Eventuell noch etwas Wasser dazugießen. Den Teig kühl stellen.
Inzwischen die Füllung bereiten. Das Schweinefilet möglichst eine Stunde zuvor in das Frostfach legen. Mit einem scharfen Messer in hauchdünne Scheiben schneiden. Die Zwiebeln schälen, grob hacken. Die Paprikaschoten von Stielansätzen und Kernen befreien, waschen, abtrocknen und in Stücke schneiden. Den Schinken in schmale Streifen schneiden. Nun das Öl in einer großen Pfanne erhitzen. Zunächst das Schweinefilet unter heftigem Rühren rasch darin anbraten, bis es nicht mehr frisch rot aussieht. Aus der Pfanne nehmen. Im übrigen Bratfett die Zwiebeln mit den Paprikaschoten anbraten, den Schinken dazugeben. Diese Mischung mit durchgedrücktem Knoblauch, Tomatenmark, Wein, Salz, Pfeffer und Safran würzen. Jetzt das Fleisch wieder dazugeben. Alles abkühlen lassen.
Auf bemehlter Unterlage den Teig in zwei Hälften ausrollen. Mit der Hälfte des Teiges Boden und Rand einer rechteckigen, gefet-

teten Backform auskleiden. Natürlich kann man dafür aber auch eine runde Springform oder eine große Pizzaplatte aus Keramik verwenden. Mehrere Male mit der Gabel einstechen, damit sich der Teig nicht wirft. Den Rand sorgfältig mit etwas Ei oder Wasser bepinseln. Nun die Füllung darauf verteilen und die zweite Teigdecke darauflegen. Die Ränder fest zusammendrücken, damit sie nicht aufplatzen. Oberfläche gleichmäßig mit der Gabel einstechen, damit während des Backens die Feuchtigkeit entweichen kann und der Teig nicht platzt.

Die so vorbereitete Fleischpastete auf der mittleren Schiene im vorgeheizten Backofen (Elektro 200 °C/Gas 3) 40 bis 45 Minuten backen.

Wenn Sie möchten, daß die Oberfläche schön glänzt, sollten Sie die Pastete vor dem Backen mit einem Gemisch aus verschlagenem Ei und Milch bepinseln. Diese Pastete wird oft auch portionsweise gebacken. Der Inhalt der Füllung kann nach persönlichem Geschmack variiert werden.

Lengua de ternera con nueces

Kalbszunge in pikanter Nußsauce

1 Kalbszunge von 500 g · Salz · 1 Zwiebel
1 große Möhre · 1 Stange Lauch · 1 Knoblauchzehe
einige Pfefferkörner · 1 Lorbeerblatt · 1 Nelke
$\frac{1}{10}$ l Öl · 1 Glas trockener Weißwein · 2 Tomaten
Brühe · 50 g Nüsse · $\frac{1}{4}$ l Milch

Die Kalbszunge 5 Minuten in Salzwasser vorkochen, dann häuten, den Schlund putzen. Die geschälte Zwiebel in Scheiben schneiden. Die Möhre schälen und würfeln. Den Lauch putzen, sehr gründlich waschen, in kleinfingerdicke Ringe schneiden. Das Gemüse bunt gemischt in einen dickwandigen Schmortopf geben. Knoblauch, Pfefferkörner, Lorbeerblatt und Nelke dazugeben. Die Zunge obenauf legen, das Öl daraufgießen. Nun alles erhitzen, bis die Zunge angenehm gebräunt ist. Zwischendurch einmal wenden. Überschüssiges Fett abgießen, den Wein zugießen. Die Tomaten überbrühen, schälen, in Stücke schneiden und beifügen. Noch etwas Brühe angießen. Einen festschließenden Deckel auflegen und bei milder Hitze $1\frac{1}{2}$ bis 2 Stunden garen. Zu Beginn einerseits verkochte Flüssigkeit nachgießen, jedoch soll zum Ende andererseits nicht zuviel Sauce übrigbleiben. Die Nüsse mit der Mandelmühle fein reiben oder im Mörser zerstoßen. Mit der Milch in einem kleinen Stieltopf aufkochen. Die Zunge aus dem Schmortopf nehmen, den Bratensaft mit dem Gemüse durch ein Haarsieb an die Nußsauce geben. Diese Sauce würzig pikant abschmecken. Nun die Zunge mit einem blitzscharfen Messer in gleichmäßige, nicht zu dicke Scheiben schneiden und

auf einer vorgewärmten Platte anrichten. Die Nußsauce darübergießen oder aber auch in einer Sauciere extra dazu reichen.
In Nordspanien gibt es dazu Kartoffeln, die nach dem Schälen der Länge nach geviertelt und schwimmend in Öl goldbraun fritiert wurden.

Hígado a la asturiana

Leber auf asturische Art

600 g Leber · 1/8 l Milch · Mehl zum Wenden
Öl zum Braten · 3 Zwiebeln · 4 EL Olivenöl
4 fleischige Tomaten · Salz · Pfeffer · 1 EL Zitronensaft
4 EL Sahne · 4 EL gefüllte Oliven

Am besten schmeckt dieses Gericht natürlich mit Kalbsleber. Doch können Sie auch Schweine- oder junge Rinderleber verwenden, die wesentlich preisgünstiger ist. Damit der Geschmack milder wird, legt man sie für 30 Minuten in Milch.
Die Leber häuten und mit einem scharfen Messer mit glatter Klinge in schmale Streifen schneiden. Wenn die Leber etwas angefroren ist, ist das gleichmäßige Schneiden wesentlich einfacher. Leicht in Mehl wenden und bei starker Hitze in heißem Öl braten. Aus der Pfanne nehmen. Zugedeckt stehenlassen.
Die Zwiebeln schälen, sehr fein hacken, im restlichen Öl glasig dünsten. Während dieser Zeit die Tomaten überbrühen, schälen und kleinhacken. Dabei die harten Stielansätze entfernen. Zu den Zwiebeln geben. Alles mit Salz, Pfeffer und Zitronensaft würzen und zugedeckt 5 Minuten schmoren. Erst jetzt die Leberstreifen und die Sahne darunterrühren. Das Gericht nochmals abschmekken und gut heiß werden lassen. In eine Schüssel geben. Die Oliven, in dünne Scheiben geschnitten, obenauf streuen. Sie können zu diesem Gericht entweder Reis oder Nudeln servieren.

Callos a la madrileña

Kutteln auf Madrider Art

1 Kalbsfuß · 600 g Kutteln/Kaldaunen

Essig · 1 Zwiebel · 1 Möhre · 1 Lorbeerblatt

1 Knoblauchzehe · Pfeffer · Salz

Für die Sauce:

5 EL Olivenöl · 2 Knoblauchzehen · 2 Zwiebeln

150 g Schinken · 150 g Paprikawurst · Paprika · 1 EL Mehl

Den Kalbsfuß und die Kutteln sehr gründlich mehrere Male waschen, mit Essig übergießen. Nach 5 Minuten kalt abspülen. Knapp mit Wasser bedeckt mit der geputzten Zwiebel, Möhre, Lorbeerblatt, Knoblauchzehe, Salz und Pfeffer 3 bis 4 Stunden zugedeckt garen. Durch die Verwendung eines Schnellkochtopfes kann dieses Verfahren wesentlich verkürzt werden. Die Brühe abschäumen, durchsieben. Die Kutteln in Stücke schneiden.

Für die Sauce das Öl im Schmortopf erhitzen, die Zwiebeln und Knoblauchzehen schälen, würfeln und leicht im Öl anbräunen. Schinken und die würzige spanische Paprikawurst in Stücke oder Scheiben schneiden, hinzufügen. Großzügig mit Paprika würzen, dann mit Mehl bestäuben und mit einem Teil der Brühe ablöschen. Die Kutteln beifügen. Das Gericht kräftig mit Salz und Pfeffer abschmecken. Zugedeckt noch weitere 30 Minuten leise schmoren lassen.

Dieses Gericht, obwohl aus einfachen Zutaten hergestellt, ist für den Spanier ein echter Leckerbissen. Kutteln werden auf vielfache Weise zubereitet. Häufig wird das Gericht durch Zugabe von Kichererbsen, Blutwürsten, scharfen roten Paprikaschoten und durch einen kräftigen Schuß Wein ergänzt. Kleine Mengen werden in den Kneipen als *tapas,* also als Apertifhappen, zu kühlem Bier oder leichtem Landwein verkauft.

Perdices en chocolate

Rebhühner in Schokoladensauce

4 Rebhühner · Salz · 4 EL Olivenöl
50 g Schweineschmalz · 2 Knoblauchzehen · 1 Lorbeerblatt
¼ l Weiß- oder Rotwein · 4 EL Essig · ⅛ l Brühe
6 Pfefferkörner · 1 Nelke · 18 Schalotten oder kleine Zwiebelchen
80 g bittere Schokolade

Die Rebhühner waschen, mit Küchenkrepp trockentupfen, innen und außen großzügig salzen. In einer Pfanne das Öl mit dem Schmalz erhitzen und das Wildgeflügel bei nicht allzu starker Hitze rundherum bräunen. Nun die Rebhühner in eine feuerfeste Tonform legen. Im übrigen Fett die Knoblauchzehen und das Lorbeerblatt dünsten. Etwas vom Fett für das spätere Anbraten der Zwiebeln aufbewahren. Das restliche Fett und den Bratensatz mit Wein, Essig und Brühe ablöschen und mit zerquetschten Pfefferkörnern und der Nelke würzen. Diese Sauce über die Rebhühner gießen. Die Form mit einem Deckel oder Alufolie verschließen und in den Ofen schieben. Schalotten oder Zwiebeln schälen und knapp mit Wasser bedeckt 5 Minuten halbweich garen. Auf einem Sieb abtropfen lassen und im restlichen Fett in der Pfanne etwas anbräunen. Die Zwiebeln dabei immer wieder rühren, jedoch aufpassen, daß sie nicht zerfallen. Die Rebhühner sind nach zirka 40 Minuten gar. Kurz aus der Sauce nehmen und diese mit zerriebener beziehungsweise grobgehackter Schokolade binden. Nun entweder die Rebhühner wieder in die Form geben und die Zwiebeln darauf dekorieren, oder aber die Rebhühner auf eine vorgewärmte Platte legen, die Zwiebeln rundherum anrichten und die übrige Sauce extra dazu reichen.

Liebre con chocolate

Hase in Schokoladensauce

1 Feldhase (ca. 1,5 kg) · ½ l Weißwein · 50 g Butter

100 g fetter geräucherter Speck · 1 Zwiebel · 2 Knoblauchzehen

Salz · schwarzer Pfeffer · Muskatnuß

50 g bittere Schokolade

Den Hasen häuten, in Stücke zerlegen und über Nacht in Weißwein durchziehen lassen. Den Speck würfelig schneiden, in der Butter auslassen, dann die Hasenstücke von allen Seiten darin gut braun anbraten. Die Zwiebel schälen, fein hacken und, kurz ehe der gewünschte Bräunungsstand erreicht wurde, in die Kasserolle geben. Den Knoblauch zerdrücken, alles mit Salz, Pfeffer und Muskatnuß würzen. Nun den Wein aufgießen. Eventuell noch etwas Wasser oder Brühe beifügen. Die Schokolade grob zerhakken und unter die Sauce rühren, so daß sie sich auflöst. Das Gericht zugedeckt bei milder Hitze in 2 bis 3½ Stunden garen. Zwischendurch ab und zu nachsehen, ob auch noch genügend Flüssigkeit vorhanden ist. Die Hasenstücke auf einer vorgewärmten Platte anrichten. Die Sauce nochmals abschmecken und entweder durch ein Sieb in eine Extraschüssel oder gleich über den Hasen gießen.

Pollo a la vasca

Baskisches Hühnergericht

30 g Butter · 2 EL Olivenöl · 1 frisches Huhn
Salz · 1 Gläschen Weinbrand · 100 g roher, magerer Schinken
4 Tomaten · 1 große Zwiebel · 1 kleine rote Paprikaschote
1 kleine grüne Paprikaschote · 2 Knoblauchzehen · Pfeffer

In einem Schmortopf die Butter mit dem Öl erhitzen. Das Huhn waschen, mit Küchenkrepp trockentupfen und je nach Größe in 4 bis 8 Stücke zerteilen. Sie können das Huhn aber auch im Ganzen braten und erst nach dem Braten zerteilen. Mit Salz würzen, unter gelegentlichem Wenden in etwa 40 Minuten rundherum braun braten. Dabei aufpassen, daß die Hitze rechtzeitig reduziert wird, damit das Fett nicht verbrennt.

Nebenbei den Schinken in Würfel schneiden. Die Tomaten überbrühen, schälen, klein hacken, dabei die harten Stielansätze und Kerne entfernen. Die Zwiebel schälen und sehr fein würfeln. Die Paprikaschoten von Stielansätzen und Kernen befreien, ebenfalls sehr klein hacken oder in sehr dünne Streifen schneiden. Die Knoblauchzehen durchpressen. Alle diese Zutaten in einem Stieltopf 20 Minuten leise schmoren und zum Schluß noch einmal würzig abschmecken.

Inzwischen ist das Huhn fertig gebraten. Den Weinbrand darübergießen und mit einem großen Streichholz anzünden. Die Hühnerstücke auf eine Platte legen. Den Bratensatz unter die schmackhafte Gemüsesauce rühren und diese entweder seitlich neben die Hühnerstücke auf die Platte gießen oder extra dazu reichen.

Pollo a la catalana

Huhn auf katalanische Art

1 Brathuhn · Salz · weißer Pfeffer · 4 EL Olivenöl
150 g roher, magerer Schinken · 2 Zwiebeln · 1 Knoblauchzehe
6 Tomaten · 1 Glas Weißwein · 1 Lorbeerblatt
1 kleine Aubergine · 2 kleine Zucchini
1 kleine rote Paprikaschote · 1 kleine grüne Paprikaschote
30 g Schmalz · 4 Scheiben Weißbrot · Olivenöl zum Braten

Das Huhn gründlich waschen, in 8 Stücke zerteilen, mit Küchenkrepp sorgfältig trockentupfen. Gleichmäßig mit Salz und Pfeffer würzen. Das Öl möglichst in einem gußeisernen Topf erhitzen. Die Hühnerstücke hineingeben und bei nicht zu starker Hitze rundherum goldbraun anbraten. Inzwischen den Schinken würfeln, die Zwiebeln schälen und grobwürfelig schneiden. Beides hinzugeben und mit Knoblauch würzen. Die Tomaten überbrühen, schälen, zerhacken und in den Topf geben, sobald die Zwiebeln goldbraun sind. Mit Weißwein auffüllen, das Lorbeerblatt hinzufügen, den Deckel auflegen und bei gelinder Hitze das Huhn weichschmoren.

Die Aubergine schälen, in gut 1 cm große Würfel schneiden, salzen. Nach 5 Minuten das Salz wieder abspülen, so daß gleichzeitig der leicht bittere Geschmack verschwindet. Die Zucchini brauchen nicht geschält zu werden. Schneiden Sie diese in kleinfingerdicke Scheiben. Die Paprikaschoten von Stielansätzen und Kernen befreien, in kleinfingerbreite Stücke schneiden. Nun das Schmalz in einer Pfanne erhitzen und das Gemüse unter gelegentlichem Rühren knapp gardünsten. Das Gemüse mit Salz und Pfeffer abschmecken. Die Weißbrotscheiben in Öl goldbraun rösten und diagonal teilen. Zunächst das Hühnerfleisch auf eine vorgewärmte rund Platte legen, die Sauce darübergießen und das

Lorbeerblatt dabei herausfischen. Das Gemüse am Rand um das Fleisch herum garnieren. Die Weißbrotscheiben aufrechtstehend hineinstecken. Reichen Sie einen gut gekühlten Roséwein zu diesem einfachen, aber schmackhaften Gericht.

Pollo con almendras

Mandelhuhn

50 g Mandeln · 1 großes bratfertiges Hühnchen

2 EL Zitronensaft · 4 EL Öl · 2 Knoblauchzehen

2 gestrichene EL Mehl · ¼ l Hühnerbrühe · ⅛ l Weißwein

Salz · Pfeffer · Rosmarin

Die Mandeln mit heißem Wasser überbrühen, schälen und in Stifte schneiden. Das Hühnchen waschen, trockentupfen und in Achtel zerteilen. Mit Zitronensaft beträufeln. Das Öl im Schmortopf erhitzen und die Mandelstifte schnell darin nicht zu dunkel rösten. Aus dem Topf nehmen und beiseite stellen. Im restlichen Öl die Hühnerstücke rundherum goldbraun anbraten. Die halbierten und geschälten Knoblauchzehen hinzugeben. Mit Mehl bestäuben und mit Hühnerbrühe und Weißwein ablöschen. Zugedeckt bei mäßiger Hitze 30 Minuten schmoren. Die Sauce mit Salz, Pfeffer und Rosmarin würzig abschmecken. Die gerösteten Mandelstifte erst kurz vor dem Servieren unter die Sauce mischen, damit sie noch knusprig sind.
Das Gericht schmeckt am besten mit Reis oder Stangenweißbrot.

Pollo con pimiento y aceitunas

Hähnchen mit Paprika und Oliven

(Foto Seite 115)

1 Hähnchen von ca. 1200 g · Salz

schwarzer Pfeffer aus der Mühle · 5 Knoblauchzehen

2 EL Olivenöl · 1 kleine Chilischote

¼ l weißer Rioja oder anderer spanischer Weißwein

200 g mit Paprika gefüllte Oliven

300 g rote Paprikaschoten · 1 TL Thymian

Das Hähnchen in acht Teile zerlegen. Rundum mit Salz, Pfeffer und den geschälten und durchgedrückten Knoblauchzehen einreiben.

Das Olivenöl in einer Kasserolle erhitzen, die Chilischote zufügen. Die Geflügelteile darin rundherum goldbraun anbraten. Mit Weißwein ablöschen und die Oliven zufügen. Zugedeckt 30 Minuten bei geringer Hitze dünsten.

Inzwischen die Paprikaschoten vom Kernhaus befreien, waschen und längs in Streifen schneiden. 10 Minuten vor Garzeitende zu dem Hähnchen geben. Mit Thymian bestreuen. Die Sauce mit Salz und Pfeffer abschmecken und das Hähnchen mit Weißbrot servieren.

Pit d'anec amb salsa de brandy i trufes

Entenbrust mit Brandy-Trüffel-Sauce

(Foto Seite 89)

Für 6–8 Personen

⅛ l spanischer Brandy · 2 schwarze Trüffel (aus dem Glas)

Pfeffer · 3 Entenbrustfilets · Salz · 500 g Champignons

250 g Pfifferlinge · ¼ l Geflügelbrühe

30 g Trüffelbutter (aus dem Glas) · etwas Petersilie

Am Vortag den Brandy mit der Trüffelflüssigkeit aus dem Glas und mit Pfeffer mischen, die Entenbrustfilets darin über Nacht marinieren.
Am nächsten Tag die Haut der Entenbrüste rhombenförmig einritzen. Das Fleisch zuerst auf der Hautseite in einer heißen Pfanne ohne Fett goldbraun anbraten, dann wenden und von der anderen Seite 3 bis 4 Minuten weiterbraten. Mit Salz und Pfeffer würzen.
Das Fleisch aus der Pfanne nehmen, die Pfanne beiseite stellen. Fleisch auf eine ofenfeste Platte legen und im vorgeheizten Backofen bei 200 °C auf der 2. Einschubleiste von unten weitere 10 Minuten garen.
Inzwischen die Pilze putzen, wenn nötig abspülen, die Champignons in Scheiben schneiden. Pilze im Bratfett in der Pfanne so lange braten, bis alle Flüssigkeit verdampft ist. Salzen und pfeffern, aus der Pfanne nehmen und warm stellen.
Die Marinade in die Pfanne gießen und anzünden. Die Trüffel in dünne Scheiben schneiden und mit dem Geflügelfond dazugeben. Die Sauce rasch auf ⅛ l einkochen lassen, dann die Trüffelbutter unterrühren.
Das Fleisch in Scheiben schneiden und mit den Pilzen auf einer Platte anrichten. Die Trüffelsauce darübergießen. Mit Petersilie dekorieren.

Pato relleno con manzanas

Ente mit Apfelfüllung

1 fleischige Ente · 100 g Schmalz · 1 Glas Südwein

Salz · ¼ l trockener Weißwein · ¼ l Brühe

Für die Füllung:

200 g gemischtes Hackfleisch · 100 g Paniermehl

4 EL Milch · 1 Ei · 100 g roher Schinken · 2–3 Äpfel

1 Msp Zimt · Muskat · Salz · Pfeffer

Die Ente vom überschüssigen Fett befreien, mit Südwein beträufeln, dann innen und außen salzen. Für die Füllung das Hackfleisch mit Paniermehl, Milch und Ei verrühren. Den Schinken in Würfel schneiden, die Äpfel schälen, in Spalten schneiden, mit dem übrigen Südwein beträufeln und unter die Füllung mischen. Alles würzig mit Zimt, Muskat, Salz und Pfeffer abschmecken. Die so vorbereitete Füllung sorgfältig in die Ente füllen. Die Bauchhöhle mit einem dicken Baumwollfaden zunähen.

Zum Anbraten das Fett in einem Bräter heiß werden lassen, die Ente von allen Seiten bräunen. Erst dann Brühe und Wein zugießen. Einen Deckel auflegen. Zunächst 40 Minuten zugedeckt im Backofen garen, anschließend den Deckel abnehmen. Während der restlichen 40 Minuten Garzeit, die natürlich auch von der Größe der Ente abhängt, das Fleisch immer wieder mit Fett und Sauce begießen. Es duftet köstlich.

Pavo relleno y asado a la catalana

Gefüllter Truthahn

1 kleiner Truthahn · Salz · 1/8 l Wein
1/4 l Brühe · 100 g Schmalz
Für die Füllung:
150 g Schweinefilet · 1 Truthahnleber
100 g magerer roher Schinken · 50 g schwarze Kirschen
2 Pfirsichhälften · 50 g Sultaninen · 50 g Pinienkerne
2 Äpfel · 200 g Kastanien · 1 Trüffel · 1 Msp Zimt · Salz
Paprika · Pfeffer · 6 dünne Bratwürstchen

Zunächst den Truthahn vorbereiten, waschen, abtrocknen und über einer offenen Flamme die letzten Federreste absengen. Mit einem scharfen Messer die Sehnen der Beinmuskeln durchschneiden, damit das Geflügel besser die Form behält. Großzügig von innen und außen salzen.
Für die Füllung das Schweinefilet in dünne Scheiben, die Leber in Stücke schneiden. Den Schinken würfeln. Die Kirschen entkernen. Den Pfirsich in Spalten schneiden. Die Sultaninen in etwas Wein oder Wasser quellen lassen. Die Pinienkerne im Backofen oder in der Pfanne goldbraun rösten. Die Äpfel in Spalten schneiden, schälen und entkernen. Die Kastanien kreuzweise einkerben, 15 Minuten in Salzwasser kochen, schälen. Die Trüffel in kleine Würfel schneiden. Alle diese Zutaten vermischen und mit Salz, Paprika und Pfeffer würzen. Die Mischung abwechselnd mit den Bratwürstchen in die Bauchhöhle des Truthahns geben. Mit kräftigem Zwirnfaden zunähen. Nun das Geflügel von außen mit einer Schicht Schmalz einreiben. In eine Auflaufform geben, die ebenfalls mit Schmalz ausgepinselt wurde. Wein und Brühe darübergießen. Einen Deckel auflegen oder den Truthahn mit Folie abdecken. Auf der unteren Schiene in den vorgeheizten Backofen (Elektro 180 °C / Gas 2½) schieben. Nach 2½ Stunden den Deckel

oder die Alufolie abnehmen. Eventuell verkochte Flüssigkeit ersetzen. Je nach Größe weitere 30 bis 90 Minuten garen. Die Sauce abschmecken, jedoch nicht binden.
Dazu gibt es Salat oder Bleichsellerie und natürlich Kartoffeln. Unsere typisch deutschen Klöße würden aber auch sehr gut dazu passen.

Pichones con salsa de setas

Tauben in Pilzsauce

4 Tauben · 4 EL Öl · 40 g Butter · 4 kleine Zwiebeln
1 Glas Weißwein · gut ⅛ l Brühe · Estragon · Salz
Pfeffer · 250 g Waldpilze · 125 g weiße Trauben

Zunächst die Tauben sorgfältig putzen und absengen, damit die letzten Federreste entfernt werden. In einem Bräter das Öl mit der Butter erhitzen und die Tauben darin rundherum appetitlich braun anbraten.
Die Zwiebeln schälen, fein hacken und zum Schluß mitbräunen, mit Wein und Brühe ablöschen, Estragon, Salz und Pfeffer zum Würzen hinzufügen. Einen Deckel auflegen und je nach Alter der Tiere 40 bis 70 Minuten schmoren.
Nebenbei die Pilze putzen, in Scheiben schneiden. Sie werden 20 Minuten vor Ende der Garzeit in den Topf gegeben. Sie können aber auch die Pilze separat in einer Pfanne in etwas Fett dünsten und dann zu den Tauben geben; in diesem Fall ist der Geschmack intensiver.
Die Trauben mit kochendem Wasser überbrühen, von Häuten und Kernen befreien. Dabei aufpassen, daß die Früchte möglichst heil bleiben. Kurz vor dem Servieren unter die Sauce rühren, so daß sie heiß werden. Dazu gibt es Kartoffelpüree oder in Öl fritierte Strohkartoffeln, die aus streichholzdünn geschnittenen rohen Kartoffeln – ähnlich wie Pommes frites – hergestellt werden.

Sopa de pescado · *Fischsuppe* (Rezept Seite 40)

Fische, Krusten- und Schalentiere

Wollen wir zusammen über den Hafenkai bummeln? Abseits von den eleganten Jachten der Touristen liegen die schweren alten Fischerkähne. Jahr für Jahr hat eine neue Farbschicht die darunterliegende überdeckt. Und so schimmert es nun im Licht der untergehenden Sonne in verwaschenem Grün, strahlendem Blau, Rot, Weiß und gelegentlich in Schwarz. In schenkelhohen Gummistiefeln waten die kräftig gebauten Fischer über die Planken und reichen sich gegenseitig die schweren Holzkisten mit den frischen Fängen geschickt zu. Von tiefem Schwarz über leuchtendes Rot bis zu silbrigem Weiß sind alle Farbnuancen bei diesen Fischen vertreten. Den Hummern und Langusten hat man durch Zusammenbinden der Fangscheren bereits die Bewegungsfreiheit genommen. Beeindruckend sind die fast haifischgroßen Schwertfische, deren weißes Fleisch die Feinschmecker erfreuen wird. Seezungen, Rotbarben, Kabeljau, Makrelen, Anchovis, Sardinen — das sind die Sorten, die wir leicht ausmachen können. Daneben gibt es noch eine Reihe typischer Mittelmeerfische wie Knurrhahn, Seehecht, Goldbrasse, Thunfische, Meeraale und Hornhechte, um nur einige zu nennen.

Immer wieder faszinierend ist der Anblick der Tintenfische mit ihren langen Fangarmen, die auf der Unterseite zahllose Saugnäpfe aufweisen, oder die der vielarmigen weißen Kalamares, die zur ausgesprochenen Delikatesse gehören, wenn sie mit reichlich Knoblauch gewürzt auf dem Grill gegart wurden.

In den meisten Hafenorten werden die Fänge unmittelbar nach

dem Anlanden in Fischhallen versteigert. Dabei ruft der Auktionator zunächst den höchsten Preis auf, nennt in rasender Eile immer niedrigere Summen. Wer nickt oder die Hand hebt, bekommt den Zuschlag. Selbst wenn nun der Nachbar mehr bieten würde, die Ware bleibt sein. Wir als Laien können da nicht mithalten, auch sind die Mengen der eisgekühlten Fische und Schalentiere zu groß. Der Einzelhändler nebenan wird uns am besten beraten.

FISCHGERICHTE

Emperador a la plancha

Schwertfisch vom Grill

4 Scheiben Schwertfisch à 150 g · 4 EL Essig

Olivenöl zum Bepinseln · Salz · 4 Knoblauchzehen

Petersilie · 40 g Butter · 1 Zitrone

Der Emperador oder Schwertfisch ist ein großer, beinahe grätenfreier Fisch, der zur Familie der Thunfische gehört. Sein Fleisch ist aber weiß, fast grätenfrei und sehr schmackhaft. Kein Wunder, daß die Preise dieser Fischsorte denen von Kalbfleisch entsprechen. Leider ist der Schwertfisch im allgemeinen weder frisch noch in tiefgekühltem Zustand bei uns erhältlich. In den spanischen Markthallen hingegen wird er von schreienden Marktfrauen fast während des ganzen Jahres angepriesen.
Den Fisch mit Essig beträufeln, dann mit Öl bepinseln. Auf der Grillplatte oder auf dem geölten Grillrost von beiden Seiten in etwa 10 Minuten garen. Nebenbei die Knoblauchzehen schälen, mit der Petersilie fein hacken. Diese Mischung in heißer Butter kurz braten, auf die fertig gegrillten und gesalzenen Fischtranchen geben.

Dorada a la sal

Goldbrasse im Salzhemd

1 Goldbrasse von etwa 1 kg · 2 EL Essig

grobes Salz · 1 Zitrone

Goldbrassen gehören zu den feinen Mittelmeerfischen, die leider meistens direkt im Land verkonsumiert und nur selten ausgeführt werden. Doch vielleicht haben Sie das Glück, bei einem Urlaub einen solchen Fisch auf dem lokalen Fischmarkt erstehen zu können, um ihn sogleich in Ihrer Ferienküche zuzubereiten. Gelegentlich wird er auch auf den Speisekarten von Nobelrestaurants verzeichnet.

Den Fisch ausnehmen, nicht schuppen, mit Essig beträufeln. Die Zitrone vierteln und in die Bauchhöhle des Fisches geben.

Eine feuerfeste Platte mit einer daumendicke Lage Salz bestreuen. Den Fisch darauflegen, auch oben und seitlich mit Salz bedecken. Die Oberfläche glatt streichen. Die so vorbereitete Form je nach Größe des Fisches für 30 bis 45 Minuten in den gut geheizten Backofen (mittlere Schiene, Elektro 200 °C / Gas 3) schieben. Wenn sich das Salz lichtbraun färbt und leichte Risse bekommt, ist das Gericht servierbereit. In der Form auftragen.

Mit dem Löffelrücken wird die Salzschicht beklopft, dann vorsichtig nach und nach abgehoben. Nun entnimmt man den köstlich duftenden weißen Fisch.

Dieses Rezept aus der Gegend von Alicante ist sicherlich sehr alt. Ähnlich wie das bei den Zigeunern geschätzte Huhn im Tonmantel werden alle Aromastoffe hervorragend erhalten. Natürlich kann dieses Rezept auch mit anderen frischen Seefischen, deren Fleisch leicht gart, zubereitet werden.

Lenguado frito

Panierte Seezunge

4 Seezungen · 4 EL Essig · 1 Ei
feingesiebtes Paniermehl zum Wenden · Salz
Öl zum Braten · Petersilie · 1 Zitrone

Die Seezungen häuten, mit Essig beträufeln. Nacheinander zunächst im verschlagenen Ei, dann in einer Mischung von Paniermehl und Salz wenden. Unmittelbar nach dem Paniervorgang in einer großen Pfanne in reichlich heißem Öl von beiden Seiten goldbraun braten. Gut abtropfen lassen, mit Zitronenachteln und Petersilie garnieren und auftragen.

Lenguado a la vasca

Seezunge auf baskische Art

8–10 mittelgroße Kartoffeln
Filets von 4 Seezungen · 1 EL Essig · 2 EL Olivenöl
Salz · Zitronensaft · 1 Glas Weißwein
FÜR DIE SAUCE:
1 kleine Zwiebel · 1 rote Paprikaschote
100 g Champignons · 1 Tomate · 2 EL Olivenöl
⅛ l Brühe · Salz · Pfeffer

Die Kartoffeln in der Schale garen, pellen und in Scheiben schneiden. Die Seezungenfilets mit Essig beträufeln und etwas durchziehen lassen. Eine Auflaufform mit Öl bepinseln, die Kartoffeln hineingeben, die Oberfläche flachdrücken. Darauf die Fische legen, mit Zitronensaft und dem restlichen Öl beträufeln. Den

Weißwein daraufgießen. Alles mit Folie abdecken. Im vorgeheizten Backofen (Elektro 200 °C / Gas 3) 15 Minuten garen.
Für die Sauce die Zwiebel schälen, sehr fein hacken, die Paprikaschote putzen, waschen und ebenfalls fein hacken. Auch die Pilze säubern, waschen und kleinschneiden. Die Tomate klein würfeln, dabei den harten Stielansatz entfernen. Die Gemüsemischung in einen kleinen Topf in heißem Öl dünsten, mit Brühe ablöschen, mit Salz und Pfeffer abschmecken. Diese Gemüsesauce sorgfältig über die Fische gießen. Alles nochmals kurz im Ofen heiß werden lassen und in der Form servieren.

Filetes de lenguado al horno

Überbackene Seezungenfilets

Filets von 4 Seezungen · 1 EL Essig · Salz
Öl für die Form · 250 g Champignons, Pfifferlinge oder Reizker
2 EL Zitronensaft · 2 EL Öl
Pfeffer · 1/8 l Weißwein · feingehackte Petersilie

Die Seezungenfilets rasch waschen, mit einer Mischung aus Essig und Weinbrand beträufeln. Sparsam salzen, einzeln aufrollen und in eine mit Öl bepinselte Tonform setzen. Beiseite stellen. Die Pilze von Stielansätzen befreien, in Viertel oder Scheiben schneiden, mit Zitronensaft beträufeln. In heißem Öl kurz andünsten. Mit Salz und Pfeffer würzen, über die Fische verteilen. Den Weißwein aufgießen und die Form für 15 Minuten in den Ofen schieben (mittlere Schiene, Elektro 200 °C / Gas 3). Prüfen, ob der Fisch gar ist. Mit Petersilie bestreuen.
Weißer, körnig gekochter Reis, frischer Salat in einer Kräutermarinade und ein gut gekühlter leichter Weißwein sind die idealen Ergänzungen zu diesem feinen, kalorienarmen Fischgericht.

Soldaditos de Pavía

Soldaten von Pavia

500 g Stockfisch · 2 EL Olivenöl
2 EL Zitronensaft · Paprika · Pfeffer
FÜR DEN TEIG:
100 g Mehl · 5 g Hefe · Safran · Salz · Mineralwasser
ZUM AUSBACKEN:
Olivenöl

Der Stockfisch hat in Spanien eine uralte Tradition. Durch das Trocknen von Kabeljau konnten in früheren Jahrhunderten überschüssige Fänge für Notzeiten, aber auch für die Binnenländer und nicht zuletzt für die umherziehenden Soldaten verwendet werden. Der Konsum an Stockfisch ist in Spanien auch heute noch so hoch, daß das Land fortwährend Stockfisch aus Skandinavien, vor allen Dingen von der norwegischen Küste importiert.
Der Stockfisch für dieses Gericht sollte aus dem Mittelteil des Fisches stammen, damit die Stücke groß genug und nicht zu dünn sind. Den Stockfisch mindestens 24 Stunden in reichlich Wasser quellen lassen, dabei gelegentlich das Wasser wechseln. Dann in Stücke von etwa 6×2 cm schneiden. Mit Zitronensaft, Öl, Paprika und Pfeffer sowie etwas heißem Wasser bei mäßiger Hitze vorkochen.
Das Mehl mit den restlichen Zutaten zu einem dickflüssigen Pfannkuchenteig verschlagen. Die Fischstücke darin wenden und in heißem Öl von beiden Seiten goldbraun ausbacken. Auf Küchenkrepp abtropfen lassen.
Dazu reicht man in Spanien Salzkartoffeln und grüne Bohnen.

Merluza al horno

Überbackener Seehecht

2 Zwiebeln · 3–4 rote Paprikaschoten · 500 g Tomaten

3 EL Olivenöl · 1 Knoblauchzehe · 1/8 l Sahne · Salz · Pfeffer

Paprika · 800 g Seehecht oder Kabeljau · 2 EL Essig

20 g Margarine · 6–8 Kartoffeln

1/4 l Brühe, evtl. teils durch Weißwein ersetzt

2 Scheiben Toastbrot · 2 EL Olivenöl

1 EL feingehackte Petersilie

Zunächst Zwiebeln schälen und würfeln. Paprikaschoten putzen, waschen und in Streifen schneiden. Tomaten überbrühen, schälen und vierteln. Nacheinander in heißem Öl im Topf halbweich schmoren. Zerdrückte Knoblauchzehe, Sahne, Salz, Pfeffer und Paprika zugeben. Die Mischung würzig abschmecken.

Den Fisch putzen, waschen, in etwa 2 bis 3 cm dicke Scheiben schneiden und mit Essig beträufeln und salzen. Die Kartoffeln schälen und in 1/2 cm dicke Scheiben schneiden. Eine große Auflaufform einfetten, erst die Kartoffelscheiben, dann die abgetropften Fischtranchen und die Gemüsemischung hineinfüllen. Die Brühe angießen.

Das Toastbrot in kleine Würfel schneiden und darüberstreuen, mit Öl beträufeln und die Form mit Alufolie abdecken. Zunächst 10 Minuten auf dem Herd garen, dann auf den Rost auf die mittlere Schiene in den heißen Backofen (Elektro 200 °C / Gas 3) schieben und dort zugedeckt weitere 25 Minuten backen. Prüfen, ob Fisch und Kartoffeln gar sind. Das Gericht ohne Deckel nochmals 5 Minuten bräunen lassen. Mit Petersilie bestreut in der Form zu Tisch bringen.

Merluza al la romana

Seehecht in Ausbackteig

4 Scheiben Seehecht oder Kabeljau · 4 EL Essig
1 Ei · 4 EL Mehl · knapp 1/8 l Selterwasser oder Bier
Salz · Öl zum Fritieren · Petersilie · 1 Zitrone

Den Fisch kurz waschen, mit Essig beträufeln, dann abtropfen lassen. Für den Ausbackteig das Ei mit Mehl, Selterwasser oder Bier und Salz zu einem dickflüssigen Pfannkuchenteig verschlagen. Die Fischscheiben darin wenden, so daß sie gleichmäßig überzogen sind. Schwimmend in heißem Öl nach und nach goldbraun ausbacken. Abtropfen lassen. Mit Petersilie und Zitronenscheiben garnieren und zu Tisch bringen.

Merluza en salsa verde

Seehecht in grüner Sauce

4 Scheiben Seehecht oder Kabeljau
4 EL Essig oder Zitronensaft · Salz
3 Knoblauchzehen · 6–8 EL Öl · 1 Bund Petersilie
weißer Pfeffer · 1 kleine Dose Spargel

Bereiten Sie dieses Gericht nach Möglichkeit in einer feuerfesten Tonform zu, in der Sie es nach der Herstellung auch gleich servieren können. Die Fischtranchen sollten gut daumendick, quer aus der Mitte des Kabeljaus oder Seehechts geschnitten und gleichmäßig groß sein. Rasch waschen, mit Essig oder Zitronensaft würzen, kurz vor der weiteren Verwendung salzen. Die Knoblauchzehen schälen und fein hacken, im heißen Öl in der Tonform anbraten. Die feingehackte Petersilie kurz mitdünsten. Dann die Fischscheiben hineinlegen, leicht mit Pfeffer würzen. Nach 5 Minuten die Fischtranchen vorsichtig umdrehen, so daß sie auch von der anderen Seite angebraten werden. Nun etwas vom Spargelwasser in die Form geben. Den abgetropften Spargel sternförmig so auflegen, daß die Schnittfläche zur Kante, die Köpfe zur Mitte hin weisen. Entweder auf dem Herd oder im Backofen fertiggaren.

Sardinas trechadas

Gefüllte Sardinen

16 große Sardinen · Salz · 200 g Zwiebeln
1 Knoblauchzehe · 2 EL Olivenöl · 125 g Paniermehl
1 Ei · 1 Bund feingehackte Petersilie · Salz
Pfeffer · Mehl zum Bestäuben · Öl zum Braten
1 Glas Weißwein · Öl zum Beträufeln

Da es bei uns schwierig ist, große frische Sardinen für diese asturische Spezialität zu bekommen, können Sie das Rezept auch mit kleinen Makrelen oder grünen Heringen zubereiten.
Die Fische reinigen, den Kopf und die Hauptgräte entfernen, innen und außen leicht salzen. Die Zwiebeln und Knoblauchzehe schälen, fein hacken, in einer Pfanne in Öl braten. Das Paniermehl zugeben und kurz mitrösten. Diese Mischung in einer Schüssel mit Ei, Petersilie, Salz und Pfeffer gut vermengen. In die Fische geben. Nun die Fische zusammenklappen, so daß sie wieder ihre ursprüngliche Form haben, leicht mit Mehl bestäuben und in reichlich Öl in einer großen Pfanne braten. In eine Tonform geben, mit Weißwein übergießen, mit etwas Öl beträufeln und auf dem Herd oder im Backofen nochmals kurz garen, bis der Wein eingekocht ist. In der Form zu Tisch bringen.

Sardinas al aspetu con cachelos

Gegrillte Sardinen

48 frische Sardinen · 200 g grobes Salz · Kartoffeln

FÜR DIE SAUCE:

4 Knoblauchzehen · 1 Bund Petersilie · ½ TL Pfeffer

Salz · 4 EL Essig · ⅛ l Olivenöl

Die Sardinen werden vor dem Grillen nicht gesäubert, sondern lediglich mit Salz bestreut und für 30 Minuten an einen kühlen Platz gestellt. Nun werden sie aufgespießt. Klassisch dafür sind Spieße, die aus den welken Stielen abgeernteter Maisstauden gefertigt wurden. Die Spieße sind etwa daumenbreit, zirka 35 bis 40 cm lang und weisen eine Spitze auf. Sie werden vom Rücken her quer durch die Sardinen gesteckt, und auf jeden Spieß passen 3 Fische. Im Gegensatz zu Metallspießen haben diese Mais-»aspetus« den Vorteil, daß die Oberfläche nicht ganz glatt ist und die Fische dadurch nicht verrutschen.

Im Freien wird ein Graben ausgehoben, Holzkohle hineingegeben und eine gute Glut entfacht. Die Spieße werden dann seitlich so in den – hoffentlich nicht allzu harten – Boden gesteckt, daß sie schräg über der Feuerstätte zum Himmel weisen. In Bayern werden anläßlich des Oktoberfestes die sogenannten Steckerlfische auf ähnliche Weise gegrillt. Es versteht sich von selbst, daß die Fische zwischenzeitlich gewendet werden müssen.

Dazu gibt es Pellkartoffeln. Die Kartoffeln werden aber vor dem Kochen der Länge nach halbiert oder geviertelt. Es ist wichtig, daß sie nach dem Kochen noch kurz ohne Flüssigkeit erhitzt, also abgedämpft werden, damit sie sehr trocken sind. Für die Sauce die Knoblauchzehen mit gehackter Petersilie, Pfeffer, Salz, Essig und Öl gut durchziehen lassen. Sie soll sehr würzig schmecken.

Bonito con tomate

Thunfisch mit Tomaten

800 g frischer oder tiefgekühlter Thunfisch

4 EL Essig · Salz · 8 EL Olivenöl · 2 Zwiebeln

1 Knoblauchzehe · weißer Pfeffer

500 g fleischige Tomaten · 1 Prise Zucker

Thunfisch wird in verschiedenen Variationen auf spanischen Märkten gehandelt. Der für dieses Gericht typische Bonito hat eine glänzende dunkelblaue, silbrige Außenhaut ohne Schuppen. Das Fleisch ist fest und wohlschmeckend. Da es sich hierbei um einen sogenannten Blaufisch handelt, ist der Thunfisch relativ preisgünstig. In Deutschland wird er leider nur sehr selten frisch angeboten, gelegentlich bekommen Sie ihn tiefgekühlt. Dieses Rezept kann natürlich auch mit anderen Seefischen abgewandelt werden.

Den Fisch in etwa 3 cm dicke Scheiben schneiden, waschen, mit Essig beträufeln, mit grobem Salz bestreuen. Das Öl in einer Auflaufform erhitzen. Die Zwiebeln schälen, würfelig schneiden. Die Knoblauchzehe durchpressen. Nun Zwiebeln und Knoblauch im Öl goldgelb rösten, den Fisch dazugeben. Bei nicht zu starker Hitze von jeder Seite etwa 5 Minuten braten. Aus der Form nehmen. Die inzwischen gewaschenen und grob zerkleinerten Tomaten in den Bratenfond geben. Mit Salz, Pfeffer und etwas Zukker würzen und schmoren. Wer will, kann diese Sauce nun durchpassieren. Die Fischtranchen wieder in Form geben und mit etwas Sauce bedecken. Für knapp 10 Minuten auf den Rost in den vorgeheizten Backofen (Elektro 200°C/Gas 3) schieben. Heiß in der Form zu Tisch bringen.

Anchoas al ajillo y perejil

Eingelegte Sardellen mit Knoblauch und Petersilie

(Foto Seite 133)

Für 6–8 Personen

750 g Sardellen · 1/8 l Sherryessig
10 Knoblauchzehen · 1 Bund Petersilie · Salz
schwarzer Pfeffer aus der Mühle · 1/4 l Olivenöl

Die Sardellen am Bauch entlang aufschlitzen, dann die Gräte lokkern und samt Kopf entfernen. Die Fische gründlich unter fließendem, kalten Wasser ausspülen, flachdrücken und trockentupfen.
Die Fische in eine Schüssel oder eine Auflaufform legen. Die Petersilie hacken und mit den ebenfalls gehackten Knoblauchzehen auf dem Fisch verteilen. Mit Pfeffer würzen. Den Sherryessig mit 1/4 l Wasser mischen, darübergießen und die Sardellen mindestens 1 1/2 Stunden marinieren.

Truchas a la navarra

Forelle Navarreser Art

4 Forellen · 4 EL Zitronensaft · Salz · Mehl zum Wenden
4 sehr lange, dünne Scheiben magerer roher Schinken
Olivenöl zum Braten · 1 Zitrone · krause Petersilie

Die Forellen ausnehmen, waschen und sorgfältig mit Küchenkrepp trockentupfen. Mit Zitronensaft 10 Minuten beizen, dann salzen und rasch in Mehl wenden. Die Mehlschicht sollte aber nur dünn sein. Auch ist es wichtig, daß die Fische unmittelbar danach weiterverarbeitet werden, weil sonst die Mehlschicht ja wieder durchnäßt. Die langen, dünnen Schinkenscheiben spiralförmig so um die Fische wickeln, daß die Köpfe noch frei bleiben. Mit Hölzchen befestigen. Falls Sie etwas Schinken übrig haben sollten, können Sie diesen auch zuvor in die Bauchhöhle stecken. Nun die Fische in einer großen Pfanne in reichlich Öl von beiden Seiten goldbraun braten. Damit die Fische nicht anhängen, die Pfanne immer wieder hin und her schütteln. Auf eine vorgewärmte Platte legen und appetitlich mit Zitronenscheiben und Petersilie garnieren. Dazu werden Salzkartoffeln gereicht.

Truchas en vino

Forellen in Rotweinsauce

4 Forellen · 1 Zwiebel · ¼ l dunkler, trockener Rotwein
Salz · Paprika · Basilikum · Thymian
Rosmarin · 1 Lorbeerblatt · 4 EL Öl · 2 Eigelb

Die Forellen säubern, waschen und in eine Jenaer Glasform geben. Die Zwiebel schälen, sehr fein hacken, über die Fische streuen. Den Rotwein mit Salz, Paprika, Kräutern und dem Lorbeerblatt vermengen, über die Fische gießen. Zugedeckt 2 Stunden an kühler Stelle durchziehen lassen. Dann das Öl daraufgießen, einen Deckel oder Folie auflegen. Bei nicht zu starker Hitze die Fische in etwa 20 Minuten garen. Den Sud vorsichtig durch ein Sieb in einen Stieltopf abgießen. Die Fische währenddessen warm halten. Den Fischsud einkochen lassen. Die Eigelb mit etwas lauwarmem Fischsud verschlagen, dann die Sauce damit legieren. Sie darf aber auf keinen Fall kochen.

Sie können dieses Rezept natürlich auch mit Weißwein anstelle von Rotwein zubereiten. Dann hat die Sauce eine ansprechendere Farbe. Man ißt dazu Salzkartoffeln. Neben diesem Rezept gibt es noch ein zweites, bei dem die Forellen mit Speck gefüllt werden. Beide Rezepte sind authentisch.

Albóndigas de pescado

Fischklöße

500 g Seefisch · 1 Tasse Paniermehl · 2 Eier
1 Knoblauchzehe · 1 EL feingehackte Petersilie · Salz
Pfeffer · evtl. 3 EL Reibekäse
Paniermehl zum Wenden · Olivenöl zum Braten

Den Fisch – am besten nehmen Sie dafür Fischfilet – von Haut und Gräten befreien und durch den Fleischwolf drehen oder mit dem Wiegemesser fein hacken. Mit Paniermehl, Eiern, Knoblauch und den Gewürzen vermischen. Flache runde oder längliche Plätzchen daraus formen. In Paniermehl wenden.
In einer großen Pfanne reichlich Öl erhitzen und die Fischklößchen von allen Seiten knusprig goldbraun darin braten. Heiß mit einer Tomatensauce auftragen.
Sie können das Rezept durch Zufügen von etwas Reibekäse abwandeln. In diesem Fall darf die Brathitze aber keinesfalls sehr hoch sein. Wenn der Käse braun gebraten würde, bekämen die Klößchen einen bitteren Beigeschmack.

Albóndigas de bacalao a la catalana

Katalanische Stockfischklößchen

FÜR DIE KLÖSSE:
200 g Stockfisch · 1 Lorbeerblatt · 1 Tasse Paniermehl
½ Tasse Milch · 1 Ei · Salz · Pfeffer · 1 Prise Zimt
feingehackte Petersilie · evtl. 1 EL Mehl
FÜR DIE SAUCE:
50 g Haselnüsse · 3 Knoblauchzehen
2 Scheiben Weißbrot · 2 EL Öl · Safran
½ Glas trockener Weißwein · 4 EL Öl · ¼ l Brühe

Den Stockfisch waschen und mindestens 24 Stunden in reichlich Wasser entsalzen. Dabei das Lorbeerblatt mitziehen lassen. Zwischendurch muß das Wasser 2 bis 3mal gewechselt werden. Den Fisch von Häuten und Gräten befreien, im Mixer zerkleinern. Das Paniermehl und die Milch zufügen. Diese Masse mit einem Ei, den Gewürzen und feingehackter Petersilie abschmecken. Wenn die Masse zu weich ist, noch 1 EL Mehl zugeben. Kleine runde Bällchen von etwa 3 bis 4 cm Durchmesser ausformen. In Öl in einer Pfanne von allen Seiten goldbraun braten.

Die Haselnüsse – am besten auf einem Blech im Backofen – goldbraun rösten, die Häutchen abreiben, die Knoblauchzehen durchpressen, die Weißbrotscheiben in Öl bräunen. Nun Nüsse, Knoblauch, Weißbrot und Weißwein mit dem Safran im Mixer zerkleinern und mischen. Die restlichen 4 EL Öl in einer feuerfesten Tonform erhitzen, die Nuß-Brot-Masse hineingeben, mit der Brühe ablöschen und ca. 10 Minuten zugedeckt durchkochen. Eventuell noch etwas heißes Wasser nachgießen. Die Klößchen in der Sauce weitere 10 Minuten durchziehen lassen. In der Tonform zu Tisch bringen.

Zurrocutuna

Stockfischgericht

400 g getrockneter Stockfisch · etwas Öl · 1 Zwiebel

2 Knoblauchzehen · 6–8 EL Olivenöl · 1 TL Paprika

1 l Brühe · 150 g Stangenweißbrot · Salz · Pfeffer

Den Stockfisch mindestens 24 Stunden wässern, dann trockentupfen. Nun den Fisch einölen und zunächst auf einem Grillrost von beiden Seiten grillen. Anschließend in feine Stücke schneiden, dabei die Gräten und Häute entfernen und das Fischfleisch beiseite stellen. Die Zwiebeln schälen, grob hacken, in einem dickwandigen Topf in heißem Öl goldbraun braten. Anschließend die geschälten, zerdrückten Knoblauchzehen, Paprika und die Stockfischstücke dazugeben. Mit Brühe auffüllen und das Gericht bei milder Hitze knapp 1 Stunde köcheln. Das Weißbrot im Toaster oder aber in der Pfanne mit wenig Öl rösten. An die Suppe geben. Diese nochmals mit Salz und Pfeffer abschmecken. Im Topf servieren.

Chocos con habas

Tintenfisch mit dicken Bohnen

800 g Chocos (besonders feine Tintenfischart der andalusischen Atlantikküste)

6 EL Öl · 1 Knoblauchzehe

250 g ausgelöste junge dicke Bohnen

Salz · Brühe

Diese Tintenfischart ist zart wie Kalbfleisch und hat einen besonders feinen Geschmack. Die Tintenfische wie üblich putzen – also Augen und Hornteile entfernen – und in fingerbreite Stücke schneiden. Das Öl erhitzen, die Knoblauchzehe schälen und durchpressen, etwas Farbe annehmen lassen. Dann den trockengetupften Fisch hinzugeben, 10 Minuten unter gelegentlichem Rühren dünsten. Ausgelöste Bohnen mit Wasser beifügen, einen Deckel auflegen und alles zirka 20 Minuten garen. Achten Sie darauf, daß immer noch genügend Flüssigkeit im Topf ist, doch sollte andererseits zum Schluß kaum mehr überflüssige Brühe vorhanden sein. Das Gericht vor dem Servieren abschmecken.

Calamares rellenos

Gefüllte Tintenfische

(Foto Seite 151)

12 mittelgroße, küchenfertige Tintenfische, à ca. 130 g
Zitronensaft · Salz · 1 Zwiebel · 2 Bund glatte Petersilie
1 EL Butter · 300 g Hackfleisch vom Kalb · 2 Eigelb
schwarzer Pfeffer aus der Mühle · scharfer Paprika
abgeriebene Schale von 1 unbehandelten Zitrone
2 EL Olivenöl · ¼ l trockener, spanischer Weißwein
Zitronensaft · 3 EL sehr kleine Kapern

Die Tintenfische (tiefgekühlte auftauen) mit Zitronensaft beträufeln, salzen und zugedeckt kalt stellen.
Die Zwiebel schälen, fein hacken. Die Petersilie abbrausen, von den Stengeln zupfen und grob hacken. Die Hälfte davon mit der Zwiebel in heißer Butter glasig dünsten. Abkühlen lassen und mit dem Hackfleisch und dem Eigelb mischen. Die Masse mit Salz, schwarzem Pfeffer aus der Mühle, etwas scharfem Paprika und der Zitronenschale kräftig abschmecken.
Die Hackfleischmasse gleichmäßig in den Tintenfischen verteilen. Zunähen oder mit Zahnstochern zustecken.
Das Olivenöl in einer breiten Pfanne erhitzen. Die gefüllten Tintenfische darin rundum anbraten. Mit dem Weißwein und etwas

oben: Cuixa de xai amb herbes aromatiques · *Lammkeule mit Kräutern* (Rezept Seite 51)
unten: Pit d'anec amb salsa de brandy i trufes · *Entenbrust mit Brandy-Trüffel-Sauce* (Rezept Seite 67)

Zitronensaft ablöschen. Die Kapern zufügen und zugedeckt bei geringer Hitze 25 Minuten ziehen lassen.
Die Sauce abschmecken und falls nötig nachwürzen. Die restliche Petersilie hineinstreuen. Die gefüllten Tintenfische mit der Sauce anrichten. Dazu Reis oder Weißbrot.

Calamares en su tinta

Tintenfisch in schwarzer Sauce

800 g Tintenfisch · 6 EL Öl · 1 große Zwiebel
2 Knoblauchzehen · 1 Bund Petersilie · Muskat · Salz
Pfeffer · ¼ l Brühe · 1 EL Mehl

Für dieses Gericht müssen Sie unbedingt frische Tintenfische (calamares) kaufen, deren Tintenbeutel noch nicht entfernt ist. Die Fische säubern, dafür die Fangarme abschneiden und quer zweimal durchteilen. Das innere Hornteil des Schwanzstückes vorsichtig herausziehen, so daß der Tintenbeutel nicht platzt. Die Tintenbeutel sammeln und auf ein kleines Sieb legen. Mit einem Löffel die Tinte durch das Sieb in ein kleines Gefäß drücken. Mit der Hälfte der Brühe nachspülen. Das Mehl unter diese Tintenflüssigkeit rühren und quellen lassen.
Nun die Tintenfische in 1 cm dicke Ringe schneiden. Waschen, mit Küchenkrepp trocknen und in einer Pfanne in heißem Öl unter häufigem Rühren 2 Minuten braten. Die Zwiebel und Knoblauchzehen schälen, fein hacken und beifügen. Nach weiteren 5 Minuten das Gericht mit Muskat, Salz und Pfeffer kräftig würzen, die restliche Brühe aufgießen. In etwa 20 Minuten den Tintenfisch halb weich schmoren. Dann die Tinte zugeben: die Sauce bekommt nun ein braunviolettes, dunkles Aussehen. So muß es sein.
Das Gericht abermals zum Kochen bringen, dann die Hitze sofort reduzieren und alles noch 10 Minuten ziehen lassen.

Angulas a la cazuela

Glasaale

600 g Glasaale · 12 EL Olivenöl
4–8 Knoblauchzehen · 4 Chilipfeffer

Unter Glasaalen versteht man ganz junge Aale, die etwa 8 cm lang und ungefähr so dick wie Spaghetti sind. In Spanien werden sie natürlich frisch gehandelt, bei uns kommen sie gelegentlich als Tiefkühlware auf den Markt. Wenn die Aale tiefgekühlt sind, sollten sie auf jeden Fall rechtzeitig dem Frosterfach entnommen und aufgetaut werden. Es handelt sich bei diesem Gericht um eine nicht gerade preisgünstige, aber besondere Delikatesse, die von Feinschmeckern überaus geschätzt wird.

Glasaale werden immer portionsweise zubereitet. Es gibt eigens dafür hergestellte feuerfeste Tonschälchen, die einen Durchmesser von etwa 16 cm haben und deren Rand 3 bis 4 cm hoch ist. In diese Schälchen das Öl, die Knoblauchzehen und die teuflisch scharfen Chilischoten verteilen. Den Inhalt der Schälchen stark erhitzen. Nun die Glasaale hineingeben. Sie werden nur ganz kurz unter gelegentlichem Umrühren erhitzt. Wenn man sie zu lange gart, werden sie leider sofort hart. Im Schälchen servieren. Vergessen Sie nicht, rechtzeitig für einen Untersetzer zu sorgen, der die Hitze dämpft, denn durch das Öl sind die Schüsselchen glühend heiß.

Da die jungen Aale, zumal sie noch obendrein in Öl schwimmen – und ein echter Spanier würde sich niemals mit nur 3 EL Öl pro Portion zufriedengeben – sehr schlüpfrig sind, kann man sie unmöglich mit einer normalen Gabel verzehren. Deswegen werden sie immer mit altmodischen handgeschnitzten Holzgabeln serviert. Das aromatische heiße Öl tunkt man mit frischen Weißbrotbrocken auf. Und damit das Ganze besser bekommt, sollten Sie nicht vergessen, rechtzeitig einen bekömmlichen spanischen Roséwein bereitzustellen.

Anguila al ali-pebre

Aal in Paprikasauce

1 kg junge Aale · 6 EL Öl
1 TL Edelsüß-Paprika · ¾ l heißes Wasser · Safran
3 Knoblauchzehen · 12 geröstete Mandeln
einige Tropfen Olivenöl · 200 g Tiefkühlerbsen

Diese Spezialität kommt aus der Huerta von Valencia, die auch als der goldene Gemüsegarten Spaniens bezeichnet wird.
Die Aale werden aus dem dortigen Binnenmeer gefangen. Daumendicke Exemplare sind für dieses Gericht gerade richtig.
Die Aale mit Salz kräftig abreiben, die Haut abziehen, in Stücke von 6 cm Länge schneiden, leicht salzen. In einer Tonform auf dem Herd das Öl heiß werden lassen, dann den Paprika darin rösten. Er darf aber nicht verbrennen! Also schnell mit kochendem Wasser ablöschen und einige Minuten durchkochen lassen. Die Aale hineingeben, sie müssen gerade eben mit Flüssigkeit bedeckt sein. In einem Mörser Safran mit Knoblauchzehen, Mandeln, Petersilie und einigen Tropfen Olivenöl mit dem Stössel zur Paste vermengen. Diese Paste in die Brühe mischen. Die Aale einige Minuten kochen lassen und die Erbsen in denselben Topf geben. Statt der Erbsen können Sie auch je nach Saison vorgegarte Brechbohnen oder junge dicke Bohnen für dieses Gericht verwenden.

Mejillones a la catalana

Miesmuscheln im Kräuter-Weinsud

2 kg Miesmuscheln · 1 kleine Zwiebel · 1 Lorbeerblatt
1 Nelke · ½ Zitrone · ½ Knoblauchzehe
einige Petersilienzweiglein · 1 Glas Weißwein · 1 Zitrone

Pfahl- oder Miesmuscheln zunächst gründlich waschen, dabei die Bärte entfernen. Das Waschen mehrere Male wiederholen, damit der Sand herausgespült wird. Zerbrochene oder offene Muscheln dürfen auf keinen Fall verwendet werden, da sie nicht zum Verzehr geeignet sind. Die Zwiebeln vierteln, mit Lorbeerblatt, Nelke, Petersilie, Zitronenachteln und der Knoblauchzehe bei milder Hitze im großen Topf kurz aufkochen. Dann die Muscheln hineingeben und den Deckel auflegen. Es ist immer wieder erstaunlich, daß das Tropfwasser und die geringe Weinzugabe ausreichen, um die Muscheln zu garen. In Abständen von 3 bis 5 Minuten den Topfinhalt heftig durchschütteln, so daß die oberen Muscheln nach unten zu liegen kommen. Sie sollten gleichmäßig garen, bis alle offen sind. Werden sie zu lange erhitzt, schrumpelt das Muschelfleisch ein, wird hart und zäh.
Die Muscheln werden im Sud serviert. Man stellt Zitronenschnitze dazu, mit denen das zarte Muschelfleisch gewürzt wird. Der Muschelsud kann mit Weißbrot aufgetunkt werden.

Mejillones en salsa picante

Teufelsmuscheln

1 kg Miesmuscheln · 1 Glas Rotwein · 1 kleine Chilischote
1 TL Pfefferkörner · 1 TL Edelsüß-Paprika · 1 Zwiebel
2 Knoblauchzehen · einige Petersilienzweiglein · 1 Zitrone

Die Muscheln zunächst gründlich waschen und bürsten. Zerbrochene oder geöffnete Exemplare wegwerfen, da sie verdorben sein könnten. Die Bärte entfernen. Abtropfen lassen.
Für den Sud den Wein mit Chili, Pfefferkörnern, Petersilienzweiglein, Paprika, geviertelter Zwiebel und Knoblauchzehen in einem kleinen Topf kurz aufkochen lassen. Besonders wohlschmeckend wird der Sud, wenn Sie die Pfefferkörner zuvor in einem Mörser zerquetschen. Die Muscheln in einen großen Topf geben, den Sud darübergießen. Alles zum Kochen bringen. Bei geschlossenem Deckel etwa 5 Minuten garen, bis alle Muscheln geöffnet sind. Zwischenzeitlich ein- oder zweimal den Topfinhalt umschütteln, weil damit ein gleichmäßiges Garen erreicht wird. Im Sud mit Zitronenschnitzen heiß auftragen.
Das Rezept kann durch Zufügen von 1 bis 2 fleischigen Tomaten, die in Würfel geschnitten werden, verändert werden.

Langosta a la parrilla

Langusten vom Grill

2 Langusten à 800 g · Salz · weißer Pfeffer
2 EL Zitronensaft · 2 EL Weinbrand · 2 EL Olivenöl
ZUM GARNIEREN:
1 Zitrone · 1 Bund Petersilie · 2 kleine Tomaten
1 kleines Glas eingelegte Artischocken

Während in Deutschland Langusten im allgemeinen im Sud gegart werden, zieht man in Spanien häufig das Rösten auf dem Grill vor. Diese Garmachungsart hat den Vorteil, daß das Fleisch überhaupt nicht auslaugt und die Aromastoffe auf diese Weise noch besser erhalten bleiben.

Die Langusten auf ein Holzbrett legen und der Länge nach mit einem scharfen Messer in zwei Hälften teilen. Den schwarzen Darm, der dabei im Schwanzteil zum Vorschein kommt, sorgfältig herauslösen. Aus Zitronensaft, Öl, Weinbrand, Salz und Pfeffer eine Marinade rühren. Die Langustenhälften von beiden Seiten gut damit einpinseln. Einen Holzkohlengrill rechtzeitig anheizen, um eine gleichmäßige Hitze zu gewährleisten. Auch das Gitter mit Öl bepinseln, damit die kostbaren Langusten nicht daran festkleben. Die Langusten zunächst mit der Fleischseite nach unten auf den Rost legen, nach 5 Minuten wenden, zum Schluß noch einmal mit der Schalenseite nach oben legen.

Die so zubereiteten Langusten schmecken unmittelbar vom Rost am besten. Die Platte wird mit Zitronenachteln, Tomatenvierteln, Petersilienzweiglein und abgetropften Artischockenherzen appetitlich garniert. Reichen Sie dazu Mayonnaise, Alioli und grüne Sauce. Knuspriges Stangenweißbrot und ein trockener Weißwein ergänzen dieses festliche Gericht.

Langosta a la marinera

Langusten nach Art der Atlantikfischer

1 große Languste (1,5 kg) · Salz · Pfeffer
300 g milde Zwiebeln · 2 Knoblauchzehen · 1 Lorbeerblatt
4–6 EL Olivenöl · 250 g fleischige Tomaten · Salz
Pfeffer · 1 Glas trockener Weißwein

Die lebende Languste waschen, dann in Stücke teilen. Dafür zuerst die Beine abschneiden und in Stücke zerteilen, dann den Schwanz und Kopf halbieren und quer in drei Teile schneiden. Den schwarzen Darm entfernen, das Langustenfleisch salzen und leicht pfeffern.

Die Zwiebeln schälen und klein hacken. Die Knoblauchzehen schälen, in Stifte schneiden. Nun Zwiebeln, Knoblauchzehen und Lorbeerblatt in heißem Öl anbraten.

Nebenbei die Tomaten mit kochendem Wasser überbrühen, schälen und in Stücke schneiden. Wenn die Zwiebeln goldbraun sind, die Langustenstücke und Tomaten zugeben. Einige Male in der heißen Masse wenden. Jetzt den Weißwein zugießen und alles zugedeckt 10 Minuten bei milder Hitze im Topf schmoren. Die Langustenstücke herausnehmen, auf einer Platte warm halten, die Sauce einkochen lassen. Mit Salz und Pfeffer abschmecken. Diese würzige Sauce über die Langustenstücke gießen.

Ostras fritas

Fritierte Austern

12 Austern · 2 Zitronen · 100 g Maismehl

Öl zum Fritieren

Die Austern vorsichtig mit einem Austernmesser öffnen. Mit dem Saft von 1 Zitrone würzen und in Maismehl wenden. Unmittelbar danach schwimmend in Fett von beiden Seiten goldbraun fritieren. Herausheben, auf Küchenkrepp abtropfen lassen und auf eine vorgewärmte Platte oder auf Portionsteller geben. Jeweils ein Zitronenviertel dazulegen. Als aparte Vorspeise zum leichtgekühlten trockenen Weißwein reichen.
In Galicien wird das Gericht bei Tisch mit Tomatensauce oder Tomatenketchup gewürzt.

Eiergerichte

Gerichte mit Eiern nehmen in der spanischen Küche einen bedeutenden Platz ein. Wer eine frisch bereitete kleine Mahlzeit haben und preiswert satt werden möchte, kann eigentlich in jeder Bar und mit Sicherheit in jedem Restaurant eine *tortilla,* also ein Omelett bestellen. Gleichgültig ob es sich um ein einfaches oder vornehmes Restaurant handelt, wird man Ihnen mit Sicherheit ein halbes Dutzend oder mehr Variationen anbieten. So gibt es denn kaum eine Gemüse-, Fisch- oder Fleischart, die nicht in Kombination mit Eiern zur *tortilla* verarbeitet wird.
Das einfachste Omelett, welches nur aus leicht geschlagenen Eiern bereitet wird, bezeichnen die Spanier als *tortilla francesa,* also französisches Omelett. Das spanische Omelett *tortilla española* ist mit unserem Bauernfrühstück verwandt und mit Zwiebeln und Kartoffeln versetzt. Mit Salat kombiniert reicht es für uns oft als vollständige Mahlzeit. Der Spanier empfindet da anders. Er ißt diese *tortilla* als *tapa* zum Aperitif, als Belag für sein *bocadillo* oder auch als selbständiges Gericht, beispielsweise nach einer Nudel- oder Reismahlzeit.
Spiegeleier, *huevos al plato* genannt, gibt es in vielen Variationen mit Schinken, Champignons, Nieren oder Leber. Die *flamenco-Eier* sind eine besondere Variation davon.
Natürlich essen die Spanier gelegentlich auch hartgekochte Eier auf kalte Art oder in verschiedenen Saucen, außerdem gibt es Rühreier und selten Schaumomeletts. Doch spielen diese Gerichte eine vergleichsweise geringe Rolle.

Tortilla francesa

Französisches Omelett

4 Eier · 2 EL Wasser · Salz
Pfeffer · 3 EL Öl

Die Eier mit Wasser, Salz und Pfeffer mit einer Gabel gut verschlagen. Experten behaupten, daß 30maliges Schlagen das allerbeste Ergebnis zeitigen würde. Aber ganz unter uns, ich selbst glaube kaum, daß ein Gourmet es herausschmecken würde, wenn Sie den Arm 20mal mehr bewegten.
Das Öl in der Pfanne heiß werden lassen, die Eimasse hineingießen. Nach etwa ½ Minute durch hin- und herschüttelnde Bewegungen der Pfanne das Omelett in eine länglich-ovale Form bringen. Ungeübte dürfen die günstige Form mit Hilfe eines Pfannenmessers unterstützen. Im Gegensatz zu den übrigen typisch spanischen Omeletts wird dieses Omelett nicht verwendet. Es darf auf keinen Fall durch allzulanges Braten trocken werden. Vielmehr soll die Oberfläche noch leicht glänzen, wenn Sie das Eiergericht auf eine ovale Platte gleiten lassen. Dabei sollte die zweite Omeletthälfte durch geschickte Bewegung der Pfanne über die erste geschlagen werden. Trotz des französischen Namens ist dieses Omelett als typisch spanisch zu bezeichnen. In jeder kleinen Bar wird es zu allen möglichen Tageszeiten im Handumdrehen frisch zubereitet und ist bestens geeignet, plötzlich auftretenden Hunger zu besänftigen. Es gibt dazu entweder frisches Stangenweißbrot oder Pommes frites.

Tortilla española

Spanische Omelett

4 Kartoffeln · ¼ l Öl · 1 Gemüsezwiebel
4 Eier · Salz · Pfeffer

Die Kartoffeln schälen, waschen und in Stifte schneiden. Diese sollen nicht so fein wie Streichhölzer, doch auch nicht so grob wie Pommes frites sein. Das Öl in einer großen Pfanne heiß werden lassen und die Kartoffeln darin knapp garen. Auf ein Sieb schütten, das Öl auffangen. Nun die Zwiebeln schälen, in Ringe schneiden und ebenfalls in Öl vorgaren; auch die Zwiebeln sollten abtropfen.
Die Eier mit Salz und Pfeffer kräftig verschlagen, dann Kartoffeln und Zwiebeln untermengen. Den Ölrest in der Pfanne erhitzen, den Omelettenteig hineingeben. Wie eine Torte von beiden Seiten goldbraun backen. Auf einer runden Platte anrichten und in Achtel schneiden.
Leider ist diese traditionelle Herstellungsweise zwar schnell, doch durch den hohen Fettgehalt sehr ungesund. Aus diesem Grunde geben wir Ihnen nachfolgend ein zweites Rezept, was unseren heutigen Eßgewohnheiten eher entspricht.

Tortilla española

Kartoffelomelett

(Foto Seite 169)

4 Salatkartoffeln · 1 Gemüsezwiebel · 4 EL Öl · 4 Eier
Salz · Pfeffer · Schnittlauch zum Garnieren

Die Kartoffeln schälen und knapp gar dämpfen. Etwas abkühlen lassen, dann in dünne Stifte schneiden, die dünner als Pommes frites sind. Die Zwiebel schälen, halbieren, in Scheiben schnei-

den, in etwas Öl andünsten, abkühlen lassen. Nun die Eier mit Salz und Pfeffer verschlagen. Die abgekühlten Kartoffeln und Zwiebeln daruntermengen. Das übrige Öl in einer Pfanne erhitzen, die Kartoffel-Ei-Masse hineingeben, einen Deckel auflegen. Wenn die Eimasse auf der Unterseite gestockt ist, das Omelett wenden und auf der anderen Seite fertig braten. Wie eine Torte auf eine Platte legen und mit Schnittlauchröllchen garnieren.
Dieses sehr typische Kartoffelomelett wird heiß, lauwarm oder kalt als Vorspeise, Brotbelag oder Beilage gegessen. Die traditionsbewußte Spanierin gart die Kartoffeln nicht auf die oben beschriebene Weise vor. Sie schneidet vielmehr die rohen Kartoffeln in Stifte, die in reichlich Öl gebraten werden. Natürlich ist das Gericht am Ende dann auch sehr viel fetter als bei der hier von mir vorgeschlagenen Zubereitungsmethode. Welche Art Sie bevorzugen, sei Ihrem persönlichen Geschmack überlassen.

Tortilla canaria

Kanarisches Omelett

2 Knoblauchzehen · 1 Gemüsezwiebel · 4 kleine Tomaten
3 EL Olivenöl · 4 Eier · 2 EL Wasser · Salz · Pfeffer
Petersilie · Basilikum · Estragon

Die Knoblauchzehen schälen und fein hacken. Die Zwiebeln schälen und in Würfel schneiden. Die Tomaten waschen, achteln, dabei die harten Stielansätze herausschneiden. In einer großen Pfanne in heißem Öl zunächst Knoblauch und Zwiebeln, dann die Tomaten andünsten. Dabei aufpassen, daß die Tomaten nicht zu weich werden. Eier mit Wasser, Salz, Pfeffer und den sehr fein zerkleinerten Kräutern verschlagen. Über die Gemüsemischung gießen. Bei milder Hitze stocken lassen. Das Omelett braucht nicht unbedingt gewendet zu werden. Sehr gut mit röschem Stangenweißbrot und einem leichten Rotwein.

Tortilla de espárragos

Spargelomelett

1 kleine Dose grüner Spargel · 4 Eier

2 EL Wasser · Salz · 2 EL Öl

Neben den dicken weißen Spargelstangen, die sehr oft auch zu Konserven verarbeitet und kalt als Vorspeise gereicht werden, gibt es in Spanien wildwachsenden Spargel, dessen Stangen viel dünner als ein gewöhnlicher kleiner Finger sind und die eine kräftig grüne, zuweilen auch eine violette Farbgebung aufweisen. Man bekommt sie nur selten frisch, weshalb wir Dosenware bevorzugen. Die Spargelstangen einmal quer halbieren, dann gut abtropfen lassen. Die Eier mit Wasser und Salz kräftig verschlagen, in einer nicht zu großen Pfanne das Öl heiß werden lassen. Die Eimasse hineingeben, dann rasch die Spargelspitzen darauf verteilen. Einen Deckel auflegen. Bei milder Hitze stocken lassen. Dieses Omelett sollte nicht gewendet werden.

Tortilla de hierbas finas

Kräuteromelett

Reichlich Petersilie · reichlich Basilikum

etwas Schnittlauch · etwas Zitronenmelisse

wenig Bohnenkraut · wenig Oregano · 4 Eier

2 EL Wasser · Salz · Pfeffer · 3 EL Öl

Die Kräuter sehr gründlich waschen und mit Küchenkrepp trokkentupfen, fein hacken. Die Eier mit Salz, Wasser und Pfeffer gut verschlagen, die Kräuter daruntermischen. Wenn Sie einen Mixer besitzen, können Sie aber auch alle Zutaten im Mixer vermengen und zerkleinern. Das Öl in einer Pfanne erhitzen, die Eimasse hineingeben und bei milder Hitze beidseitig goldbraun braten. Dieses Kräuteromelett schmeckt auch erkaltet als Brotbelag vorzüglich. Es eignet sich sehr gut für Reise und Picknickbrote.

Tortilla murciana

Buntes Gemüseomelett

½ Knoblauchzehe · 100 g magerer roher oder gekochter Schinken
2–3 EL Olivenöl · 1 milde Gemüsezwiebel
1 Stück Aubergine (ca. 125 g) · 1 Zucchini (ca. 125 g)
2 kleine, fleischige Tomaten · Basilikum · Salz
4 Eier · 2 EL Wasser · weißer Pfeffer

Die Knoblauchzehe schälen, fein hacken. Den Schinken von Fett und Schwarten befreien, in Würfel schneiden. Knoblauch und Schinken im heißen Öl in einer Pfanne hell bräunen. Inzwischen die Zwiebel schälen, halbieren und in Scheiben schneiden. Die Aubergine schälen, in etwa 1 cm große Würfel schneiden, noch einmal kurz waschen und gut abtropfen lassen. Die Zucchini putzen, mit der Schale ebenfalls würfeln. Die Tomaten achteln. Zunächst die Zwiebel-, Auberginen- und Zucchiniwürfel in der Pfanne andünsten, dann die Tomatenachtel zugeben. Es ist wichtig, daß das Gemüse noch etwas Biß behält. Andererseits darf es natürlich nicht mehr roh sein. Mit Basilikum und Salz würzen. Die Eier mit Wasser, Salz und Pfeffer kräftig verschlagen. Über die Gemüsemischung gießen. Einen Deckel auflegen und die Tortilla bei schwacher Hitze stocken lassen. Mit Hilfe des Deckels wenden. Wenn auch die zweite Seite leicht gebräunt ist, ist das Omelett fertig. Auf eine Platte gleiten lassen.

Tortilla de puerro

Lauchomelett

---

4 dünne Stangen Frühlingslauch · Salz · 4 Eier

2 EL Wasser · weißer Pfeffer · Muskat · 3 EL Öl

Um ein gutes Ergebnis zu bekommen, sollten Sie versuchen, möglichst dünne, zarte Lauchstangen für dieses Gericht einzukaufen. Die dunkelgrünen Blattteile entfernen, die Lauchstangen der Länge nach halbieren, dann sehr gründlich waschen. Gut abtropfen lassen. In etwa 2 cm lange Stücke schneiden und mit wenig Salzwasser vordünsten. Das Gemüse sollte aber noch etwas Biß behalten. Auf einem Sieb abtropfen lassen. Die Eier mit Wasser, Salz, Pfeffer und etwas Muskat gründlich verschlagen. In einer großen Pfanne zunächst das Öl heiß werden lassen. Dann das Gemüse darin erwärmen. Die Spanierin bereitet dieses Gericht mit sehr viel mehr Öl zu. Sie gibt das rohe Gemüse in das Öl und gart es nicht wie wir in Salzwasser, sondern in Öl. Natürlich ist die Tortilla dann auch entsprechend fett.
In unserem Fall braucht das Gemüse nur heiß zu werden. Die Eimasse daraufgießen und bei milder Hitze goldbraun braten. Dieses Lauchomelett schmeckt warm, aber auch kalt. Das Rezept kann übrigens auch mit Frühlingszwiebeln zubereitet werden. Wer will, kann das Gericht natürlich auch zusätzlich mit mehr oder weniger Knoblauch würzen.

Tortilla leonesa

Zwiebelomelett

2 Gemüsezwiebel · Salz · weißer Pfeffer · 1 Knoblauchzehe
3 EL Olivenöl · 4 Eier · 2 EL Wasser

Für dieses Omelett sollten Sie unbedingt versuchen, die dafür typischen großen weißen Gemüsezwiebeln einzukaufen. Da diese Zwiebeln zumeist in der Umgebung von Valencia gezüchtet werden, werden sie bei uns in den einschlägigen Geschäften meistens unter der Bezeichnung »Valencia Zwiebeln« angeboten. Entgegen der bei uns üblichen Zwiebelsorten zeichnet sich diese Art durch einen feinen, aromatischen Geschmack aus, der frei von jeder Schärfe ist.
Die Zwiebeln schälen, halbieren und quer in Scheiben schneiden. Mit Salz und Pfeffer würzen. Das Öl in einer großen Pfanne sehr heiß werden lassen, die vorher mit der Knoblauchzehe ausgerieben wurde. Die Zwiebeln unter gelegentlichem Rühren andünsten. Sie dürfen aber keinesfalls bräunen oder musartig werden. Zwischenzeitlich die Eier mit Wasser, Salz und Pfeffer verschlagen. Über die Zwiebeln gießen, einen Deckel auflegen. Bei nicht zu starker Hitze stocken lassen, wenden. Nehmen Sie dafür den Deckel zur Hilfe. Goldbraun gebraten servieren.
Dieses Zwiebelomelett wird wie eine Torte in Stücke geschnitten und kann zu Hauptgerichten, aber auch sehr gut als Imbiß serviert werden. Gelegentlich wird es auch als Brotbelag verwendet und schmeckt auch in kaltem Zustand ausgezeichnet.

Tortilla de atún

Omelett mit Thunfisch

1 kleine Dose Thunfisch · 1 kleine Zwiebel · 3 EL Öl
4 Eier · 2 eL Wasser · Salz

Den Thunfisch auf ein Sieb geben, damit das Öl ablaufen kann. Dann – am besten mit Hilfe einer Gabel – in kleine Stückchen zerzupfen. Die Zwiebel schälen, in kleine Würfel schneiden, in wenig Öl in einer Pfanne anbraten, abkühlen lassen. Die Eier zunächst mit Wasser und Salz gut verschlagen. Dann den Thunfisch und die Zwiebelwürfel daruntermischen. Das restliche Öl in der Pfanne erhitzen und die Masse hineingießen. Beim Braten achtgeben, daß die Hitze nicht zu stark ist. Vorsichtig einmal wenden. Mit Stangenweißbrot als Vorspeise oder aber auch als Beilage zu Pommes frites und Salat servieren.

Tortilla de jamón

Schinkenomelett

1 Knoblauchzehe · 100 g roher, magerer Schinken · 3 EL Öl
4 Eier · 2 EL Wasser · Salz · Pfeffer

Zunächst die Pfanne mit einer halbierten Knoblauchzehe ausreiben. Den Schinken vom Metzger in nicht zu dünne Scheiben schneiden lassen. Das Fett und die Schwarte entfernen. Mit einem scharfen Messer in sehr feine Streifen schneiden. Diese Schinkenstreifen in heißem Öl leicht anbraten. In einer Schüssel die Eier mit Wasser, Salz und Pfeffer mit Hilfe einer Gabel gründlich verschlagen. Die Eimasse auf die Schinkenstreifen gießen, einen Deckel auflegen. Das Schinkenomelett bei mäßiger Hitze von

beiden Seiten blaßgelb braten. Zum Wenden den Deckel zu Hilfe nehmen.
Dieses Schinkenomelett kann warm oder kalt als Vorspeise, Zwischengericht, Beilage, aber auch als Brotbelag gegessen werden und ist eine vorzügliche Resteverwertung für Schinken.

Tortilla mallorquina

Mallorcinisches Omelett

1 Knoblauchzehe	*1 Zwiebel*	*8 frische Sardinen*	
2 EL Essig	*1 EL Mehl*	*4 EL Öl*	
2 EL Wasser	*Salz*	*Pfeffer*	*½ Zitrone*

Die Knoblauchzehe schälen und fein hacken. Die Zwiebel schälen und würfeln. Die Sardinen – in Spanien werden sie auf Märkten und in Fischhallen spottbillig frisch angeboten – ausnehmen, schuppen und sehr gründlich waschen. Mit Essig beträufeln, nach etwa 5 Minuten mit Küchenkrepp trockentupfen, mit Mehl bestäuben. In einer Pfanne zunächst die Knoblauch- und Zwiebelwürfel etwas andünsten. Dann die Fische sternförmig hineinlegen, vorsichtig zwischendurch einmal wenden. Sie sind schon nach kurzer Zeit gar. Wer eine Friteuse hat, kann statt dessen die Sardinen auch schwimmend in Fett ausbraten und dann zu den goldbraunen Zwiebelwürfeln in die Pfanne legen. Mit der Eimasse übergießen, einen Deckel auflegen. Diese Tortilla wird nicht gewendet.
Da es bei uns leider selten frische Sardinen gibt, können Sie das Gericht auch mit Dosensardinen zubereiten, allerdings sollte das Öl sorgfältig abgetupft werden. Sehr dicke Sardinen halbieren und entgräten.
Die fertige Tortilla mit schmalen Zitronenschnitzen appetitlich garnieren.

Tortilla al Sacromonte

Omelett mit Kalbshirn

1 Kalbshirn · 1 Ei · 2 EL Paniermehl
Öl zum Braten · 2 kleine gekochte Kartoffeln · Salz
weißer Pfeffer · 4 Eier · 2 EL Wasser
4 EL Tiefkühlerbsen · feingehackte Petersilie

Das Kalbshirn sehr gründlich waschen, häuten und in Salzwasser garen. Herausnehmen, abkühlen lassen und in grobe Würfel schneiden, würzen. Erst im zerquirlten Ei, dann im Paniermehl wenden. In einer Pfanne in reichlich heißem Öl goldbraun braten. Aus der Pfanne nehmen. Die Kartoffeln in kleine Würfel schneiden und ebenfalls in etwas Öl braten. Abkühlen lassen. Die 4 restlichen Eier mit Wasser, Salz und Pfeffer sowie Petersilie gut verschlagen. Unmittelbar vor dem Braten die Hirnwürfel, Kartoffeln und Erbsen unter die Eimasse mischen.
Die Tortilla wird mit Deckel von beiden Seiten gebraten und mit Petersilie bestreut zu Tisch gebracht.

Tortilla al estilo de Irún

Nordspanisches Omelett

100 g magerer Schinken · 20 g Schweineschmalz
125 g frischer Reizker oder andere Waldpilze · 1 Bund Petersilie
1 kleine, frische scharfe Pfefferschote · 4 Eier
2 EL Wasser · Salz · Pfeffer · 2 Scheiben Toastbrot

Den Schinken von Fett und Schwarten befreien und sorgfältig in kleine Würfelchen schneiden. In heißem Schweineschmalz etwas

anbraten. Die Reizker putzen, waschen, abtropfen lassen, grob hacken, zum Schinken geben, etwas dünsten. Die Petersilie hakken, die Pfefferschote von Kernen befreien, ebenfalls hacken, beides in die Pfanne geben.
Nun die Eier mit Wasser, Salz und Pfeffer kräftig verschlagen. Über den Pfanneninhalt gießen. Die Tortilla von beiden Seiten goldbraun braten. Nebenbei die Weißbrotscheiben rösten, in Dreiecke schneiden. Unmittelbar vor dem Servieren aufrechtstehend in die Tortilla stecken.
Bei dieser Spezialität aus Irún ist es wichtig, daß das Gericht sogleich nach der Fertigstellung aufgetragen wird.

Tortilla de mariscos

Muschelomelett

1 kg Muscheln · 1 Schuß trockener Weißwein
1 Knoblauchzehe · 1 kleine Zwiebel · 1 Lorbeerblatt
3 Pfefferkörner · 3 Senfkörner · 2–3 Petersilienzweige
50 g Krabben · 1 EL Zitronensaft · 4 Eier
2 EL Wasser · Salz · weißer Pfeffer · 3 EL Öl

Die Muscheln sehr gründlich waschen und von den Bärten befreien. Den Wein mit allen Gewürzen in einen Topf passender Größe geben. Die Muscheln mit dem anhaftenden Tropfwasser daraufgeben, einen Deckel auflegen. Erhitzen, zwischendurch den Topfinhalt bei geschlossenem Deckel etwa 3- bis 4mal umschütteln. Die Muscheln so lange erhitzen, bis die Schalen sich öffnen. Wenn Sie rechtzeitig die Hitze reduzieren, ist eine weitere Zugabe von Wasser unnötig. Andererseits dürfen die Muscheln aber auch nicht zu lange gegart werden. Dadurch würden sie nämlich einschrumpeln. Auf einem Seiher auskühlen lassen,

dann die Muscheln aus den Schalen nehmen. Den zurückbleibenden Muschelsud können Sie durchsieben und für eine Fischsuppe oder -sauce weiterverwenden. Die ausgelösten Muscheln mi den Krabben vermengen und mit Zitronensaft beizen.
Nun die Eier kräftig mit Wasser, Salz und Pfeffer verschlagen. Die abgetropften Meeresfrüchte unterheben. Aus der Masse in reichlich heißem Öl in einer großen Pfanne ein Omelett von beiden Seiten goldbraun braten.

Tortilla de queso

Käseomelett

50 g magerer gekochter Schinken

50 g geriebener Emmentaler · 1 EL Parmesan

4 Eier · 2 EL Wasser · Salz · weißer Pfeffer · 3 EL Öl

Den Schinken von Schwarten und Fett befreien und in schmale Streifen schneiden. Mit dem geriebenen Käse mischen. Selbstverständlich können Sie das Omelett auch mit geriebenem Schafskäse anstelle der hier genannten Käsesorten zubereiten.
In einer Schüssel die Eier mit Wasser, Salz und Pfeffer zu einer homogenen Masse verschlagen. Die Schinken-Käse-Mischung darunterrühren. In einer nicht zu großen Pfanne das Öl heiß werden lassen, die Eimasse hineingeben, einen Deckel auflegen. Bei diesem Omelett ist es ganz besonders wichtig, daß die Brattemperatur nicht zu hoch ist, weil dadurch der Käse bitter würde. Das Omelett einmal wenden und warm servieren.

Tortilla valenciana

Valencianisches Reisomelett

2 Knoblauchzehen

100 g magerer roher oder gekochter Schinken

2–3 EL Olivenöl · 2 Tassen gekochter Reis · 4 Eier

2 EL Wasser · Salz · feingehackte Petersilie

Zunächst die Knoblauchzehen schälen und fein hacken oder ungeschält mit Hilfe einer Spezialpresse direkt in die Pfanne geben. Den Schinken von Schwarten und Fett befreien und sehr kleine Würfel oder schmale Streifen schneiden. Das Öl in einer Pfanne mit dem Knoblauch erhitzen. Wer will, kann den Knoblauch, sowie er goldbraun ist, wieder aus dem Fett herausnehmen. Schinken hinzufügen und etwas anbraten, so daß ein würziger Geschmack entsteht. Nun den Reis in die Pfanne geben und erwärmen, dabei aber nicht zu oft umrühren, weil er sonst matschig würde. Die Eier mit Wasser und etwas Salz in einer Schüssel mit einer Gabel kräftig verschlagen. Über die Reismasse gießen. Einen Deckel auflegen und den Pfanneninhalt bei mäßiger Hitze stocken und auf der Unterseite leicht bräunen lassen. Vorsichtig mit Hilfe des Deckels wenden. Auch die zweite Seite hell bräunen. Auf eine runde Platte gleiten lassen und mit etwas feingehackter Petersilie garnieren. Dieses Gericht ist eine ideale Resteverwertung für Reis und wird sehr oft auch aus Safranreis oder Paella-Resten zubereitet.

Cazuela de espinacas con huevos a la granadina

Spinat mit Eiern

1 Packung Tiefkühlspinat (600 g) · 50 g Mandeln
4 Scheiben Weißbrot · 2 Knoblauchzehen · 2 EL Öl · Salz
Pfeffer · 1 Nelke · etwas Kümmel · 4 Eier
150 g roher Schinken in Scheiben

Den Spinat rechtzeitig aus dem Tiefkühlfach entnehmen und auftauen lassen. Die Mandeln überbrühen, schälen und reiben. Die Knoblauchzehen durchpressen, das Brot in Würfel schneiden. Mandeln, Knoblauch und Brot in Öl braten, dabei stetig rühren. Mit den Gewürzen unter den Spinat rühren. In eine mit Öl ausgepinselte feuerfeste Tonform geben, mit einer Saucenkelle 4 Vertiefungen eindrücken, jeweils 1 Ei hineinschlagen. Den Schinken in Streifen schneiden und gitterförmig obenauf legen. Für 25 Minuten auf der mittleren Schiene des gut vorgeheizten Backofens (Elektro 200 °C / Gas 3) garen. Heiß in der Form servieren.

Huevos al modo de Soller

Eier nach Art von Soller

1 Stange Lauch · 1 große Möhre
1 Tasse Tiefkühlerbsen · ⅛ l Fleisch- oder Fischbrühe
Salz · ⅛ l Milch · 4–8 Scheiben Knoblauchwurst (Sobrasada)
4 EL Öl · 4 Eier

Den Lauch von dunkelgrünen Blatteilen befreien, der Länge nach halbieren, waschen und in Stücke schneiden. Die Möhre putzen und würfeln. Das Gemüse mit wenig Brühe knapp gar kochen, dann die Erbsen dazugeben und alles zusammen fertig garten. Im Mixer pürieren, mit Salz abschmecken. Soviel Milch wie nötig zufügen, um eine dickflüssige Sauce zu erhalten. Dieses Gemüsepüree warm halten. Die Wurstscheiben vom Darm befreien, kurz in einer Pfanne in heißem Öl braten, auf die Seite schieben, nun die Eier in derselben Pfanne braten. Auf vorgewärmten Tellern zunächst die Wurstscheiben anrichten, darauf jeweils ein gesalzenes Spiegelei legen. Zum Schluß dick mit dem Gemüsepüree überziehen. Sogleich mit knusprigem Weißbrot und einem trockenen Rosé zu Tisch bringen.

Huevos revueltos con pimentón

Rührei mit Paprika

1 kleine rote Paprikaschote

1 kleine grüne Paprikaschote · Salz · 4 Sardellen

3 EL Öl · 4 Eier · 2 EL Wasser · Pfeffer

Die Paprikaschoten längs vierteln, Stiele und Kerne entfernen. In Salzwasser etwa 2 Minuten vorgaren, herausnehmen, abkühlen lassen und die harten Außenhäute vorsichtig abziehen, dann in fingerbreite Stücke schneiden. Die Sardellen kurz wässern, in Stückchen schneiden. Die Eier mit Wasser, wenig Salz und etwas Pfeffer verschlagen. Das Öl in einer Pfanne erhitzen. Die Paprikaschoten darin kurz dünsten, so daß sie noch etwas Biß behalten. Sardellenstückchen und Eimasse daraufgeben. Unter gelegentlichem Rühren bei milder Hitze stocken lassen. Das Rührei darf nicht zu lange erhitzt werden, weil es sonst trocken wird. Nehmen Sie es darum aus der Pfanne, solange das Ei glänzt.

Huevos a la flamenca

Eier auf Zigeunerart

2 Knoblauchzehen · 1 Zwiebel · 4 Scheiben roher Schinken
8 Scheiben Knoblauchwurst · 2 kleine Tomaten
½ Tasse Tiefkühlerbsen · 5–6 EL Olivenöl · Salz · Pfeffer
4 Eier · 2 EL eingelegte Tomatenpaprika
feingehackte Petersilie

Die Knoblauchzehen schälen und klein hacken. Die Zwiebel schälen und würfeln. Den Schinken in grobe Stücke schneiden, die Wurst enthäuten. Die Tomaten waschen, abtrocknen und achteln, dabei die harten Stielansätze herausschneiden. Die Tiefkühlerbsen antauen lassen. Das Öl in der Pfanne erhitzen, zunächst Knoblauch- und Zwiebelwürfel andünsten, dann die übrigen Zutaten beifügen. Der Pfanneninhalt muß gut heiß sein, ehe die frischen Eier in der Art von Spiegeleiern darauf geschlagen werden. Ehe das Eiweiß zu stocken beginnt, die abgetropften Paprikastreifen auf dem Weißen der Eier verteilen. Salzen und mit Petersilie bestreuen. In der Pfanne auftragen.
In Spanien wird dieses Gericht sehr oft portionsweise in kleinen feuerfesten Tonformen zubereitet. Man verwendet reichlich Öl und tunkt während des Essens immer wieder Weißbrotbrocken in das heiße, brutzelnde Fett. Ein beliebtes Vor- oder Zwischengericht, obendrein eine vorzügliche Resteverwertung.

Pollo con pimiento y aceitunas · *Hähnchen mit Paprika und Oliven*
(Rezept Seite 66)

Huevos de primavera

Frühlingseier

100 g roher oder gekochter Schinken
400 g geputztes, kleingeschnittenes Gemüse (Erbsen, Möhren, Kohlrabi, Wirsing, Spargel)
3 EL Öl · Salz · Pfeffer
⅛ l Tomatensauce (evtl. aus der Dose) · 8 Eier
Pfeffer · 4 EL Reibekäse

Den Schinken von Schwarten und Fett befreien, in fingerbreite Stücke schneiden. Mit dem Gemüse in das heiße Öl geben. Bei milder Hitze alles knapp garen. In eine kleine feuerfeste Auflaufform geben. Die Oberfläche etwas flachdrücken, dann die Tomatensauce darübergießen. Nach etwa 10 Minuten die Eier wie Spiegeleier daraufschlagen, salzen und pfeffern. Gleichmäßig mit Käse bestreuen. Die so gefüllte Form auf einem Rost, mittlere Schiene, in den vorgeheizten Backofen (Elektro 200 °C / Gas 3) schieben. Nach knapp 20 Minuten sollte das Eiweiß gestockt sein. Das Gericht auftragen.

Gemüse, Hülsenfrüchte, Kartoffeln und Reis

Falls Sie einmal das Pech haben, während der Reise nach Spanien einige Stunden auf dem Flughafen von Barcelona warten zu müssen, nehmen Sie den schnellen Vorortzug und lassen Sie sich dann von einem Taxi oder der Untergrundbahn zur berühmten *Rambla* bringen. Mit Sicherheit werden Sie zunächst über die breite Prachtstraße schlendern, sich am Gezwitscher der Vögel, an der Vielfalt der Blumenstände, dem Temperament der Menschen erfreuen und wahrscheinlich einen schwarzen Kaffee mit einem seidigen Weinbrand genießen.

Aber dann sollten Sie durch die nahegelegene Markthalle bummeln. Jeder einzelne Stand ist eine Augenweide, und fast jeder der Verkäufer wird Sie durch seine temperamentvolle Art zum Schmunzeln verlocken. Hoch türmen sich Berge kleiner, frischer Artischocken und violett glänzender Auberginen. In Südspanien gezüchtete Avocados, dazu Chinakohl, Blumenkohl, schmale und breite grüne Bohnen, die jung und zart sogar ausgelöst angeboten werden – da möchte man zugreifen!

Knackig frische Salatköpfe werden geschickt neben Körben mit Erbsen, blütenweißen Fenchelknollen und frühen Gurken dekoriert.

Karotten gibt es das ganze Jahr; ebenso Lauch, Paprika und Tomaten. Schrecken Sie nicht zurück vor den blaßgrünen Varianten, die im Vergleich zu den kugelrunden, tiefroten Treibhaustoma-

ten ein ungleich besseres Aroma haben. Im Herbst werden Kastanien mit klebrig braunen, glänzenden Schalen, frische zarte Maiskolben und aromatische Pilze, besonders Reizker aus den Bergwäldern, aber auch Champignons und Pfifferlinge angeboten. Rosenkohl, knackige Rot- und Weißkohlköpfe ergänzen neben Stangen- und Knollensellerie, Blattspinat, Zucchini und roten Beten, die oftmals sogar gekocht verkauft werden, die enorme Auswahl.
Besondere Bedeutung für die spanische Küche hat die Vielfalt der Zwiebelgewächse. Frischer Knoblauch mit grünen Trieben, getrocknete Ware, zu Zöpfen geflochten, fehlen ebensowenig wie die gebündelten Frühlingszwiebeln oder die großen Valencianer Zwiebeln, die sich durch einen milden und saftigen Geschmack auszeichnen. Da fällt es schwer zu widerstehen!

SALATE

Ensalada de patatas

Kartoffelsalat

800 g Salatkartoffeln · 4 EL Mayonnaise · 1 EL Essig
2 Knoblauchzehen · 1 Ei · Salz

Die Kartoffeln am besten in der Schale garen, noch heiß abpellen. Nicht wie in Deutschland üblich in Scheiben schneiden, sondern zunächst halbieren, dann noch einmal vierteln, so daß würfelähnliche, relativ große Gebilde entstehen. Mit Mayonnaise, Essig und feinzerdrückten Knoblauchzehen mischen, mit Salz abschmecken. In eine Schüssel geben. Das Ei hart kochen, schälen, fein hacken und vor dem Servieren über den Salat streuen.

Ensalada mixta

Gemischter Salatteller

½ Kopf römischer Salat · 4 kleine Tomaten

1 milde Gemüsezwiebel · 1 grüne Paprikaschote

2 hartgekochte Eier · 4 Anchovisfilets

4 Stangen Spargel · 1 kleine Dose Thunfisch

ZUM SERVIEREN:

Olivenöl · Essig · Salz · Pfeffer

Diese an der Mittelmeerküste weitverbreitete Salatvariation wird entweder einzeln auf Portionstellern oder aber in echt spanischer Manier auf einer großen Platte angerichtet. In diesem Fall wird die Platte auf die Mitte des Tisches gestellt, und nachdem der Salat von der Hausherrin gewürzt wurde, picken sich die Gäste mit der Gabel heraus, was ihnen schmeckt.

Den römischen Salat, gelegentlich wird er auch als Lattich bezeichnet, von dunkelgrünen Blatteilen befreien, gründlich waschen, dann quer in daumenbreite Streifen schneiden. Die Tomaten waschen, abtrocknen und achteln, dabei die harten Stielansätze herausschneiden. Die große milde Gemüsezwiebel schälen und quer in dünne Ringe schneiden. Die Paprikaschote von Stielansätzen und Kernen befreien, waschen, abtrocknen und in sehr feine Streifen schneiden. Die Eier schälen und vierteln. Nun alle Zutaten der Reihe nach appetitlich auf einer Platte oder in Schälchen anrichten. Die Anchovis der Länge nach teilen, dekorativ auf die Eier legen. Die abgetropften Spargelstangen und den Thunfisch kurz vor dem Servieren daraufgeben.

Erst bei Tisch wird der Salat nach persönlichem Geschmack mit Öl, Essig, Salz und Pfeffer gewürzt. Das Mischen von Salat, wie wir es für gewöhnlich vollziehen, ist bei den Spaniern nicht üblich. Sie kennen auch nicht die Sitte, Salat als Begleitung zu Fisch- oder Fleischgerichten zu essen. Für den Spanier ist ein solcher bunter Salatteller eine der populärsten Vorspeisen.

Ensalada de tomate

Tomatensalat auf spanische Art

8 Tomaten · 1 Gemüsezwiebel · 2 EL schwarze Oliven
2 EL grüne Oliven · Olivenöl · Essig · Salz
Pfeffer aus der Mühle · evtl. Basilikum

Die Tomaten waschen, trocknen, in Achtel schneiden, dabei die harten Stielansätze herausschneiden. Die Zwiebel schälen, in dünne Ringe schneiden und locker auf den Tomaten verteilen. Die abgetropften Oliven bunt gemischt darauf dekorieren. Den Salat so auftragen und erst bei Tisch würzen. Ganz besonders köstlich ist der Salat, wenn er mit reichlich frischem, feingehacktem Basilikum bestreut wird. Es sollte sich hierbei jedoch auf alle Fälle um frisches Basilikum handeln, welches nur unter milden klimatischen Bedingungen gedeiht. Aus diesem Grunde ist das köstliche Königskraut auf unseren Märkten und in unseren Kräutergärten leider nur selten zu finden.

Alcachofas al natural

Artischocken natur

4 Artischocken · Salz · 4 EL Essig

Die in Spanien gehandelten Artischocken sind meistens recht klein, weshalb Sie dort die Mengen von vornherein verdoppeln sollten. Da in Deutschland zumeist Importware aus der Bretagne oder aus Israel angeboten wird, begnügen wir uns hier mit jeweils einer Frucht pro Person. Es handelt sich bei diesem Gemüse übrigens um die Blütenknospe einer Distelart, der eine stark harntreibende Wirkung zugesprochen wird.

Die Artischocken säubern. Dafür einige äußere Blätter, die vielleicht etwas welk sind, und den Stiel entfernen. Wer will, kann die Blattspitzen mit einer Schere beschneiden, unbedingt nötig ist es aber nicht. In einem Topf passender Größe Wasser mit Salz und Essig zum Kochen bringen. Durch den Essig behalten die Artischocken eine appetitliche Farbe. Die Knospen hineingeben, dabei sollen die Blattspitzen nach oben weisen. Die Garzeit richtet sich nach der Größe der Früchte und schwankt zwischen 15 und 35 Minuten. Wenn sich die Blätter leicht vom Boden lösen, ist es Zeit, die Artischocken aus dem Kochwasser zu nehmen. Umgekehrt auf einem Sieb abtropfen lassen.

Artischocken schmecken sowohl heiß als auch gekühlt sehr gut. Stellen Sie dazu wahlweise Mayonnaise, Alioli oder grüne Sauce auf den Tisch. Man zupft zunächst die Blätter einzeln heraus, tunkt sie mit dem der Spitze entgegengesetzten Ende in die Sauce und lutscht sie aus, wobei man den weichen Gemüserest mit den Zähnen von den Blättern streift. In der Mitte befinden sich die

Stempel- und Staubgefäße, die im Volksmund als »Heu« bezeichnet werden. Sie werden entfernt. Das Beste ist der darunterliegende fleischige Artischockenboden, der als Delikatesse mit der übrigen Sauce verspeist wird.

Alcachofas a la parrilla
Artischocken vom Grill

8–12 kleine, junge Artischocken · Saft von 1 Zitrone
8–12 EL Olivenöl · Salz · 1 Zitrone

Dieses Rezept eignet sich nicht für die faustgroßen Artischocken, die aus der Bretagne oder aus Israel importiert werden, da deren Blätter zu hart sind. Sie können das Rezept nur aus den kleinen, in Spanien oder Italien gehandelten Artischocken zubereiten, deren Durchmesser 6 cm nicht übersteigt.
Zunächst mit einem scharfen Messer, besser noch mit der Küchenschere, die Blattspitzen abschneiden, die äußeren Blätter und Stielansätze entfernen. Die Artischocken der Länge nach in 4 Scheiben schneiden und dabei aufpassen, daß die Blätter sich dabei nicht vom Artischockenboden lösen. Das Gemüse mit reichlich Zitronensaft und Olivenöl beizen. Dann großzügig salzen.
Die so vorbereiteten Artischockenscheiben auf den gut vorbeheizten Grill geben und von beiden Seiten mittelbraun rösten.
Es läßt sich nicht ganz vermeiden, daß gelegentlich einige Blattteile hart bleiben. Sie werden während des Essens diskret wieder aus dem Mund genommen. Diese Zubereitungsart ist jedoch so vorzüglich und erhält alle Vitamine und Geschmacksstoffe in so hervorragender Weise, daß die oben erwähnten Unbilden dafür gerne in Kauf genommen werden. Eine vorzügliche Beigabe zum Glas Sherry vor der Mahlzeit!

Judías verdes con tomates

Grüne Bohnen mit Tomaten

600 g grüne Bohnen · Salz · 1 Knoblauchzehe · ½ Zwiebel

250 g fleischige Tomaten · 2 EL Öl · Pfeffer

Die Bohnen putzen und in Salzwasser knapp garen. Nebenbei die Knoblauchzehe schälen, klein hacken. Die Zwiebel schälen und würfeln. Die Tomaten schälen und achteln, dabei die harten Stielansätze herausschneiden. Nun zunächst in heißem Öl Knoblauch und Zwiebel andünsten, die Tomaten zugeben und 5 Minuten schmoren lassen. Unter diese Mischung die Bohnen geben, alles würzig mit Salz und Pfeffer abschmecken. Wer will, kann zusätzlich noch etwas Bohnenkraut, Thymian oder Oregano hinzufügen.

Coliflor frita

Fritierter Blumenkohl

1 kleiner Blumenkohl · 4 EL Essig · Salz · 2 Eier

4 EL Mehl · 1 Schuß Bier · Salz · Öl zum Fritieren

Den Blumenkohl von Blättern und Strunk befreien, in Röschen zerteilen, mit Essigwasser übergießen und mit Salz bestreuen. Danach 5 Minuten in reichlich Salzwasser blanchieren. Abtropfen lassen. Aus Eiern, Mehl, Bier und etwas Salz einen nicht zu dickflüssigen Ausbackteig schlagen. Die Blumenkohlröschen hineintunken, so daß sie ganz mit dem Teig überzogen sind. Nach und nach, also jeweils 2 bis 3 Stück in reichlich siedendem Öl goldbraun ausbacken. Als Vorspeise servieren.

Pimientos rellenos estilo avilés

Gefüllte Paprikaschoten nach Avileser Art

2 Schweinsfüße · Salz · 1 Bund Suppengrün
8 kleine Paprikaschoten · Pfeffer · 200 g Zwiebeln
2 Knoblauchzehen · 4 EL Öl · 200 g Tomaten
1 kleines Glas trockener Weißwein

Die Schweinsfüße am besten gleich vom Metzger in jeweils drei Stücke hacken lassen. Knapp mit Salzwasser bedeckt mit dem Suppengrün garen. Abkühlen lassen. Es ist ratsam, diesen Kochprozeß bereits am Tag zuvor durchzuführen. Die Paprikaschoten unzerschnitten 5 Minuten in reichlich Salzwasser blanchieren. Herausnehmen, abtropfen lassen, dann in der üblichen Art ein Käppchen abschneiden, Stielansätze und Kerne entfernen. Die Zwiebeln und Knoblauchzehen schälen, klein hacken, in Öl dünsten. Die Tomaten mit kochendem Wasser überbrühen, schälen und kleinschneiden, dabei die Kerne entfernen. Zu den goldbraunen Zwiebeln geben, mit Wein ablöschen, mit Salz und Pfeffer kräftig würzen. Während die Sauce einkocht, das Fleisch von den Schweinsfüßen lösen und in Stücke schneiden. Mit der Sauce vermengen und die Schoten damit füllen. In eine feuerfeste Auflaufform geben, die Deckelchen wieder aufsetzen. Ein bißchen Öl darüberträufeln, dann die Form mit Alufolie bedecken und auf einen Rost in den Backofen schieben. Nach 20 Minuten bei 280 °C/ Gas 3 die Folie abnehmen und die Paprikaschoten fertig dünsten. In der Form servieren.
Avilés ist eine nordasturische Hafenstadt, westlich von Gijón.

Hunkar-Begendi

Gefüllte Auberginen

2 mittelgroße Auberginen · Öl zum Braten · ¼ l Brühe

FÜR DIE FÜLLUNG:

200 g gemischtes Hackfleisch · 1 Zwiebel

1 Knoblauchzehe · 1–2 Tomaten · ½ Glas trockener Weißwein

1 Ei · 50 g gegarter Reis · Paprika · Salz · Pfeffer · Zimt

ZUM BESTREUEN:

2 EL Paniermehl · 2 EL Reibekäse

1 EL gehackte Petersilie

Dieses Rezept ist ursprünglich türkischer Herkunft. Es wurde von den Seefahrern nach Spanien gebracht.
Die Auberginen der Länge nach aufschneiden. Mit Salz bestreuen. Nach 30 Minuten unter fließendem Wasser abspülen. Durch dieses Verfahren verliert das Gemüse den leicht bitteren Geschmack. Das Kerngehäuse mit einem Löffel etwas auskratzen, so daß Mulden entstehen. Die Auberginen in eine großzügig geölte Auflaufform passender Größe setzen.
Für die Füllung das Hackfleisch, evtl. mit etwas Ölzugabe, in einer Pfanne anbraten. Geschälte, feingehackte Zwiebel, die durchgepreßten Knoblauchzehen und geschälte zerschnittene Tomaten ohne Samen dazugeben. Nach 5minütiger Bratzeit den Pfanneninhalt in einer Schüssel mit Ei, Paprika, Salz, Pfeffer und Zimt vermengen. Bergartig auf die leicht gesalzenen Auberginen häufen.
Zum Bestreuen den Käse mit dem Paniermehl und der Petersilie vermengen.
Die Brühe seitlich in die Form gießen. Besonders schmackhaft wird die Panade, wenn Sie die Oberfläche leicht mit Öl beträufeln, ehe Sie die Form in den Backofen schieben. Auf der mittleren Schiene bei 200 °C / Gas 3 etwa 30 Minuten im Backofen garen.

Calcotada de Valls

Gegrillte Frühlingszwiebeln

16 Frühlingszwiebeln · Öl zum Bepinseln
FÜR DIE SAUCE:
4 Knoblauchzehen · einige Minzblätter · Paprika
Rosmarin · Salz · Pfeffer · Essig · 50 g Haselnußkerne
4 EL Paniermehl oder 2 Scheiben Weißbrot
¼ l Olivenöl

Diese Frühlingszwiebeln sind eine Spezialität aus der Umgebung von Barcelona. Wenn die ersten Sonnenstrahlen das Land zu wärmen beginnen und die Mandelbäume in voller Blüte stehen, ist es üblich, in Gruppen Ausflugsfahrten zu ländlichen Gasthöfen zu unternehmen. Dort werden im Freien über großen Holzkohlenfeuern auf Rosten die frischen Frühlingszwiebeln gegrillt, bis das Äußere pechschwarz verkohlt, das Innere weich und saftig ist. Das so gegarte Gemüse wird mit den Händen von der schwarzen Umhüllung befreit und in die würzige Knoblauchsauce getunkt. Munter kreist die Weinflasche, es wird gesungen. Und weil das Gemüse nicht genug sättigt, werden im Anschluß daran gegrillte Würste, Koteletts und Hühnerstücke auf die Tische gestellt.

Die Frühlingszwiebeln sind etwa 3 cm dick und 20 cm lang. Mit Öl einpinseln und in der üblichen Weise auf heißem Holzkohlenrost grillen. Die Spanier selbst essen nicht etwa 3 oder 4 Exemplare davon, sondern rechnen mit 3 bis 4 Dutzend pro Person.

Für die Sauce den Knoblauch schälen und mit den Minzblättern im Mörser zerstoßen. Dann die Haselnußkerne und Gewürze beifügen. Diese Paste mit Essig befeuchten. Dann das Paniermehl oder feingeriebenes Weißbrot beifügen. Im freien Strahl das zimmerwarme Öl nach und nach zugeben. In der modernen Küche nehmen wir statt des Mörsers einen Mixer zur Hilfe. Die Sauce soll die Konsistenz einer Mayonnaise haben. Sie kann natürlich auch zu anderen Grillgerichten gereicht werden.

Pisto manchego

Schmorgemüse

100 g durchwachsener Speck oder roher Schinken

evtl. 2 EL Öl · 2 Zwiebeln · 1 Zucchini · 1 kleine Aubergine

1 rote Paprikaschote · 1 grüne Paprikaschote

250 g Tomaten · 60 g Schmalz oder 4 EL Olivenöl

Salz · Pfeffer

Den Speck oder Schinken in Würfel schneiden und mit dem Fett in einer Pfanne auslassen. Die Zwiebeln schälen, in Ringe schneiden. Die Zucchini würfeln. Die Aubergine schälen, würfeln. Die Paprikaschoten gründlich putzen, waschen und in Stücke schneiden. Die Tomaten achteln. Das Gemüse der Reihe nach in die Pfanne geben, unter stetigem Rühren bei niedriger Temperatur in zirka 40 Minuten weich schmoren. Es soll ein dickliches Püree entstehen, bei dem die einzelnen Bestandteile nicht genau zu erkennen sind. Feinwürzig mit Salz und Pfeffer abschmecken.
Wer will, kann zum Schluß noch 1 Ei in der Tasse zerschlagen und unter die Gemüsemischung rühren. Sehr oft wird Pisto auch mit hartgekochten, gewürfelten Eiern oder mit Spiegeleiern, die zum Schluß auf das Gemüse gelegt werden, zu Tisch gebracht. Manche Hausfrauen stecken diagonal geschnittene und in Butter geröstete Weißbrotscheiben aufrecht in den Gemüsebrei. Außerdem gibt es Weißbrot oder Pommes frites dazu. Als Beigabe zu Fleisch schmeckt diese Gemüsemischung, die übrigens mit dem südfranzösischen Ratatouille eng verwandt ist, sowohl warm als auch im eisgekühlten Zustand.

Panados amb espinacs, panses i pinyons

Teigtaschen mit pikanter Spinatfüllung

250 g Mehl · ½ TL Salz · ⅛ l Öl · Wasser

FÜR DIE FÜLLUNG:

4 EL Olivenöl · 2 Knoblauchzehen · 400 g Blattspinat

50 g Sultaninen · 25 g Pinienkerne · Salz

Teigtaschen mit verschiedenen pikanten Füllungen sind arabischen Ursprungs und werden in vielen Variationen, vornehmlich an der Mittelmeerküste, gebacken. Oftmals werden sie auch beim Bäcker oder in den einschlägigen kleinen Bars zum Verzehr angeboten.

Für den Teig das Mehl auf die Arbeitsplatte häufen, in die Mitte eine Vertiefung drücken, Öl und Salz hineingeben. Nun einen homogenen Teig kneten, unter Umständen noch etwas Wasser beifügen. Die Spanierin gibt in der Regel kein Ei hinzu. Den Teig ruhen lassen.

Für die Füllung das Öl erhitzen und die geschälten, gehackten Knoblauchzehen darin andünsten. Den Spinat von welken Blättern und Stielen befreien, grob zerschneiden und zum Öl geben. Ohne weitere Flüssigkeitszugabe im Öl wenden, bis er zusammenfällt. Eventuell ausgetretenes Kochwasser abgießen – die Füllung darf keinesfalls zu naß sein. Sultaninen 3 Minuten in einem Topf mit Wasser bedeckt kochen, so daß sie aufquellen. Typisch für dieses Gericht sind die großen Málaga-Trauben, die jedoch zuvor halbiert und entkernt werden mußten. Mit den Pinienkernen und Salz und der Füllung mischen.

Den Teig auf einer bemehlten Unterlage 2 bis 3 mm dick ausrollen. Runde Plätzchen (Ø ca. 12 cm) ausschneiden. Einen Löffel Füllung auf die Mitte geben. Die Teigränder fest zusammenkneifen, so daß Halbmonde entstehen.

In Spanien werden diese Teigtaschen sehr oft schwimmend in heißem Öl ausgebacken. Sie sind dann sehr kalorienreich. Besser bewährt es sich, sie auf einem gut gefetteten Blech oder auf Backpapier im Ofen abzubacken. Wer will, kann sie zuvor mit Ei bepinseln. Backzeit 25 bis 30 Minuten. Elektro 200 °C/Gas 3, mittlere Schiene.

Setas de Orduña al horno

Reizker aus dem Backofen

800 g frische Reizker · *5 Knoblauchzehen*

1 Bund Petersilie · *2 EL Paniermehl* · *4 EL Öl*

Salz · *1 Glas Weißwein*

Reizker sind besonders feine und wohlschmeckende Pilze, die im Herbst in lichten Kieferschonungen gesammelt und dann auf den Märkten verkauft werden. Natürlich kann man sie auch als Dosenware erwerben, doch verlieren die Pilze durch die Konservierung den größten Teil ihres feinen Aromas. Es handelt sich um eine ausgesprochene Delikatesse.

Zunächst die Pilze putzen, wurmstichige Exemplare, Wurzelansätze und faule Stellen entfernen. Große Pilze werden geviertelt, kleine nur halbiert. Gut waschen und abtropfen lassen. Den Knoblauch und die Petersilie fein hacken und mit dem Paniermehl vermengen. Nun in einer feuerfesten Auflaufform auf dem Herd das Öl heiß werden lassen und die Pilze hineingeben. Unter gelegentlichem, vorsichtigem Wenden heiß werden lassen. Dann das Paniermehl-Gemisch und Salz daraufgeben und alles in den heißen Backofen schieben. (Rost mittlere Höhe, Elektro 200 °C/Gas 3). Nach etwa 7 Minuten die Form kurz herausnehmen, den Wein über die Pilze gießen. Noch einmal für weitere 15 Minuten in den Ofen geben. Möglichst heiß zu Tisch bringen.

Paella valenciana

Valencianischer Reis

½ Zitrone · 8 EL Olivenöl · 400 g Schweinerippchen
500 g Hühnerfleisch · 1 l Hühnerbrühe
200 g breite grüne Bohnen · 250 g Rundkornreis · Safran
1 Lorbeerblatt · Salz · 1 Knoblauchknolle
evtl. 100 g Tiefkühlerbsen · 12 große Muscheln
12 Gambas · 2 Zitronen

Valencianer und Alicantiner streiten sich darum, wer die bessere Paella zubereiten könne. Die Zutaten variieren gemäß Saison und Vorratslage. Im Binnenland wird die Paella sehr oft anstelle des Fleisches mit Tintenfisch zubereitet. Andererseits kennt man auch Paellas, für die ausschließlich Fleisch und Schnecken verarbeitet werden. Das hier gegebene Rezept entspricht der Paella, wie sie in Küstenorten in den Restaurants für die Touristen zubereitet wird.
Vielfach wird Reis zugegeben, ehe die Brühe auf das Fleisch gegossen wird. Bei dieser Methode läuft man aber Gefahr, daß das Fleisch nicht genügend weich wird. Ich halte daher die nachfolgende Herstellungsmethode für die bessere.
Traditionsgemäß wird die Paella in einer runden Eisenpfanne, die zwei oder drei Henkel hat, zubereitet. Auf dem Lande macht man sie auch heute noch über offenem Feuer, und vornehmlich werden dafür Weinreben verbrannt. Das hat den Vorteil, daß man schnell die gewünschte Temperatur erzielen kann. Diese soll beim Anbraten natürlich sehr hoch sein. Wenn später der Reis ausquillt, muß die Temperatur stark reduziert werden.

Neuerdings wird die Paella auch oft auf ringförmigen Gasbrennern, die speziell dafür fabriziert werden, gekocht. Wenn Sie nur einen Elektroherd haben, gibt es oft Schwierigkeiten. Die typische Paellapfanne hat nämlich leider keinen plangeschliffenen Boden. Ich behelfe mich darum auf folgende Weise: das Anbraten bis zum Auffüllen vom Reis vollziehe ich in einer normalen großen Bratpfanne. Dann gebe ich alle Zutaten in die klassische Paellapfanne. Diese wird sorgfältig mit Alufolie bedeckt und auf dem Rost in den vorgeheizten Backofen geschoben. Zwischendurch gebe ich die übrigen Zutaten auf den Reis. Die letzten 5 Minuten nehme ich die Alufolie ab, so daß die restliche überschüssige Flüssigkeit verdampft.
Die Paellapfanne gründlich reinigen, trocknen und mit einer halbierten Zitrone ausreiben. Das Öl heiß werden lassen. Die Schweinerippchen in etwa 4 cm große Stücke hacken und mit dem Hühnerfleisch anbraten. Wenn das Fleisch gut gebräunt ist, die Brühe auffüllen. Die breiten grünen Bohnen putzen, diagonal in 3 cm große Stücke schneiden und 10 Minuten später zufügen. Den ungewaschenen Rundkornreis ebenfalls zugeben. Mit Safran, Lorbeerblatt, Salz und unzerteilten, ungeschälten Knoblauchzehen würzen. In Spanien gibt man häufig eine große Knoblauchknolle in die Mitte der Pfanne. Bei schwacher Hitze den Reis in etwa 20 bis 30 Minuten ausquellen lassen. Eventuell 10 Minuten vor Ende der Garzeit Tiefkühlerbsen zufügen. Anstelle der Tiefkühlerbsen werden häufig auch einige Eßlöffel gare Kichererbsen aus der Dose oder dem Glas unter die Paella gemischt. Die Muscheln sorgfältig reinigen, dabei die Bärte entfernen. Offene und zerbrochene Muscheln wegwerfen. In hübscher Anordnung so in die Paella stecken, daß die gerundete Seite nach oben schaut. Durch die Hitze öffnen sich die Muscheln nach etwa 10 Minuten. Die Gambas kurz vor dem Servieren kreisförmig auf die Paella verteilen. Ein Teil der Gambas kann durch kleine Langusten ersetzt werden. Eine gute Paella sollte geöffnete Muscheln aufweisen, die Brühe muß vom Reis aufgesaugt sein. Das Ganze ist perfekt, wenn sich am Boden der Pfanne gerade eine goldbraune Kruste

bildet. Zitronenachtel darauflegen und die Paella in der Pfanne auf einen feuerfesten Untersatz auf den Tisch stellen.
Auch heute noch ist es bei den Spaniern Sitte, die Paella gemeinsam mit einem Löffel aus der Pfanne zu essen. Man ißt vom äußeren Rand her zur Mitte hin, was sich vor jedem in der Pfanne befindet. Dazu mögen die Spanier frisches Stangenweißbrot und natürlich roten Landwein.

Paella con carne y caracoles

Paella mit Fleisch und Schnecken

600 g Schweinerippchen · 400 g Kaninchen

500 g Huhn · Salz · 8 EL Olivenöl

200 g breite grüne Bohnen · ca. 1 l Brühe · Safran

250 g Reis · 1 Knolle Knoblauch

250 g vorgegarte weiße Bohnen oder Kichererbsen

*400 g kleine Schnecken mit Häuschen**

1 Zitrone

Das Fleisch in gabelgroße Stücke schneiden. In einer großen eisernen Spezialpfanne das Öl erhitzen. Unter Rühren das Fleisch bräunen. Die geputzten, ebenfalls gabelgroß geschnittenen Bohnen und einen Teil der Brühe zugeben. Mit Safran, Salz und reichlich Knoblauch würzen.
In der Gegend von Valencia, wo diese Paella-Variation oft zubereitet wird, ist es durchaus üblich, eine ganze Knoblauchknolle in

* Da das Vorbereiten von frischen Schnecken sehr umständlich und zeitraubend ist, sollten Sie in diesem Fall auf konservierte oder tiefgekühlte Ware zurückgreifen. Die dazu passenden Schneckenhäuschen gibt es in Feinkostgeschäften ebenfalls zu kaufen.

Anchoas al ajillo y perjil · *Eingelegte Sardellen mit Knoblauch und Petersilie*
(Rezept Seite 83)

die Mitte der Pfanne zu geben und zusätzlich noch einige einzelne Zehen über dem Fleisch zu verteilen. In gut 20 Minuten das Fleisch fast gar schmoren lassen. Erst jetzt den Reis zufügen. Nach und nach weitere Brühe aufgießen, damit der Reis quellen kann. Nun sollte das Gericht möglichst nicht mehr gerührt werden. Nach abermals 10 Minuten werden die weißen Bohnen oder Kichererbsen über den Pfanneninhalt verteilt. Außerdem steckt man die braunen Schneckenhäuschen in den Reis, damit ihr Inhalt durch die Hitze gart.
Wie bei allen anderen Paellas sind die Experten sich darüber einig, daß diese Variation am besten schmeckt, wenn sie über einem Feuer aus Rebholz im Freien zubereitet wird. Der leichte Holzrauchgeschmack gibt dem Essen einen aparten Geschmack. Das Gericht wird in der Pfanne aufgetragen. Versäumen Sie aber nicht, es vorher mit Zitronenschnitzen appetitlich zu garnieren.

Arroz al campo

Ländlicher Reiseintopf

1 Suppenhuhn · Salz · 1 Lorbeerblatt · 1 Nelke

1 kleine Zwiebel · 125 g Knoblauchwurst · 125 g Schinken

4 EL Olivenöl · 3 Knoblauchzehen · 200 g Reis

Das Huhn in Stücke zerteilen, knapp mit Wasser bedecken. Die Gewürze zugeben. Zugedeckt garen. Die Brühe absieben. Das Hühnerfleisch von Häuten und Knochen befreien. Unbedingt nötig ist letzterer Arbeitsgang aber nicht. Die Knoblauchwurst in Scheiben, den Schinken in grobe Würfel schneiden. Das Öl erhitzen und die der Länge nach gestiftelten Knoblauchzehen darin hell anbraten. Dann Wurst und Schinken zufügen, kurz anrösten. Den trockenen Reis bei nicht zu starker Hitze im Öl anbraten. Er soll leicht glasig, darf aber keinesfalls braun werden. Mit 1 l Brühe ablöschen. Langsam quellen lassen. Wenn der Reis fast gar ist, die Hühnerstücke darunterheben. Nun das Gericht noch einmal für 10 Minuten auf einen Rost auf die mittlere Schiene des gut vorgeheizten Backofens (Elektro 200°C/Gas 3) schieben, so daß der Reis gut abtrocknet. In der Form servieren.

Arroz al horno

Ofenreis

200 g Kichererbsen · 6 EL Olivenöl

2 Knoblauchzehen · 1 TL Paprika · 250 g Reis · Brühe

1 Msp Zimt · 2 Tomaten · Pfeffer · Salz

Kichererbsen gehören zu den Hülsenfrüchten, die getrocknet verkauft werden. Die beigen, erbsenähnlichen Hülsenfrüchte gründlich waschen, mit reichlich Wasser bedeckt über Nacht quellen lassen, dann im Einweichwasser bei milder Hitze garen. In einem zweiten Topf das Öl erhitzen. Die Knoblauchzehen schälen, hakken, hell andünsten. Dann den Paprika kurz mitrösten. Er darf jedoch nicht bräunen. Den Reis zugeben, wenden und mit Brühe und eventuell überschüssigem Kichererbsenkochwasser auffüllen. Es soll dem Reis immer das doppelte Volumen an Flüssigkeit zugegeben werden. Die Tomaten überbrühen, schälen, in kleine Stücke schneiden, dabei die Kerne entfernen und 5 Minuten später mit Zimt, Salz und Pfeffer unter den Reis rühren. Nun die Form für 15 bis 25 Minuten in den vorgeheizten Backofen schieben. 10 Minuten vor Ende der Garzeit die ausgequollenen Kichererbsen unter das Reisgericht mischen.
Dieser Reis wird meist zusätzlich mit Zitrone gewürzt und oftmals als Hauptgericht zu Brot und Wein gegessen. Da es sich aber

um ein relativ eiweißarmes Gericht handelt, gibt die Spanierin, wenn die Marktlage es erlaubt, oft zarte Tintenfischstücke (calamares) dazu. Die Tintenfische werden nach dem Reinigen, Waschen und Trocknen zusammen mit den Knoblauchzehen in Öl angebraten.

Arroz con conejo

Reis mit Kaninchen

4 kleine Artischocken · Essig · Salz · 500 g Kaninchen
Salz · 6 EL Öl · 1 Zwiebel · 2 Tomaten
1 Knoblauchzehe · Safran · ca. 1 l Brühe · 250 g Reis
200 g Tiefkühlerbsen · 1 Bund Petersilie

Zunächst von den Artischocken alle harten Blattspitzen sorgfältig abschneiden. Die Blütenknospen halbieren, das »Heu« herauslösen und die Artischocken in Viertel oder Achtel schneiden. Mit Essig beträufeln, in Salzwasser einige Minuten vorgaren. Das Kaninchen in kleine Stücke schneiden, gut salzen und am besten in einer feuerfesten Tonform in heißem Öl von allen Seiten bräunen. Nebenbei die Zwiebel schälen und klein hacken. Die Tomaten mit kochendem Wasser überbrühen, die Haut ablösen, fein hacken. Die Knoblauchzehe fein hacken. Nun zunächst die Zwiebeln zum Fleisch geben, nach kurzer Zeit die Artischocken, Tomaten, den Knoblauch und einen Teil der Brühe.
Das Gericht leise auf dem Herd oder im Backofen schmoren lassen. Wenn Sie wollen, können Sie zusätzlich etwas Safran in Brühe auflösen, damit das Gericht die typische gelbe Färbung erhält. Nach etwa 45 Minuten den Reis an das Gericht geben. Dann noch weitere Flüssigkeit aufgießen. Der Reis braucht die doppelte Quantität an Brühe, um gut auszuquellen. Nun die Form in den Back-

ofen schieben. Dort gart der Reis in 30 bis 40 Minuten. Während der letzten 10 Minuten können Sie die Tiefkühlerbsen unterheben, sie sind ja im Handumdrehen gar.
Üblicherweise reicht man dieses Gericht in derselben Tonform, in der es zubereitet wurde. Vergessen Sie aber nicht, die frische, feingehackte Petersilie vor dem Servieren darüberzustreuen.

Pollo con arroz

Huhn mit Reis

½ Suppenhuhn · Salz · 1 Lorbeerblatt · 1 Nelke
1 kleine Zwiebel · etwas Safran · 250 g Rundkornreis
1 kleine Orange · 10 grüne, entsteinte Oliven
3 EL Sultaninen · 1 EL Kapern

Das Suppenhuhn in Stücke zerschneiden, mit gut 1 l Wasser bedecken. Salz, Lorbeerblatt, Zwiebel, Nelke und Safran zufügen und zugedeckt garen, bis sich das Fleisch leicht vom Knochen löst. Die Brühe abgießen, 1 l abmessen. Das Hühnerfleisch von Häuten und Knochen befreien und in Stücke schneiden. Den Reis sehr gründlich waschen, in der durchgesiebten Hühnerbrühe so lange kochen, bis die Flüssigkeit aufgesogen ist. Inzwischen von der Orange mit einem Kartoffelschäler etwas Schale abschälen und in streichholzdünne Scheiben schneiden. Den Saft auspressen. Die Oliven in Scheiben schneiden. Die Sultaninen waschen. Etwas kochendes Wasser darübergießen, so daß sie quellen. Nun die Hühnerstücke, Orangenschale, Orangensaft, Oliven und Sultaninen sowie die Kapern vorsichtig unter den Reis mengen. Alles nochmals gut heiß werden lassen. Mit Salz und Pfeffer abgeschmeckt zu Tisch bringen.

Arroz con gambas

Reis mit Garnelen

2 Zwiebeln · 3 Knoblauchzehen · 3 Tomaten
4 EL Öl · 200 g Reis · gut ¾ l Brühe
1 gestrichener TL Paprika · evtl. etwas Safran
400 g Garnelen · Saft von 1 Zitrone
feingehackte Petersilie · 1 Zitrone

Die Zwiebeln schälen und in kleine Würfel schneiden. Den Knoblauch durchpressen. Die Tomaten mit kochendem Wasser überbrühen, schälen und in Würfel schneiden. Die harten Stielansätze dabei entfernen. Die so vorbereiteten Zutaten in Öl andünsten. Den trockenen Reis zugeben, so daß er leicht glasig wird. Die Brühe, den Paprika und eventuell Safran verschlagen und nach und nach aufgießen. Die Garnelen – es sollten möglichst frische sein, die noch in ihrer Schale sind – großzügig mit Zitronensaft beträufeln. Nach 10 Minuten vorsichtig unter den Reis mischen. Das so vorbereitete Gericht zugedeckt noch weitere 10 Minuten ziehen lassen. Wenn Sie den Reis in einer feuerfesten Form zubereitet haben, können Sie ihn aber auch für die nächsten 10 Minuten in den Backofen schieben, um dort ausquellen zu lassen. Die Garnelen sind rasch gar. Sie würden einschrumpeln und hart werden, wenn sie gleich zu Beginn zum Reis gegeben würden. Das Gericht mit reichlich gehackter Petersilie bestreuen, mit Zitronenachteln garnieren und zum leichten Weißwein servieren.

Arroz con menudillos de ave

Reis mit Hühnerinnereien

600 g Hühnerinnereien (Leber, Nieren, Herz, Magen, evtl. 2 Eigelb)
8 EL Öl · 400 g Reis · 3 Tomaten · 1 Knoblauchzehe
Brühe · Salz · Safran · 100 g Tiefkühlerbsen
1 Bund Petersilie

Die Leber putzen und waschen, in Stücke schneiden. Die Nieren reinigen und 5 Minuten mit den Eigelb vorkochen. Die Herzen halbieren, waschen. Die Mägen gründlich reinigen, dabei die innere harte Haut entfernen, 15 Minuten in Salzwasser vorgaren, dann in dünne Scheiben schneiden. Das Öl am besten in einer feuerfesten Form erhitzen und die Innereien darin anbraten. Wer will, kann kurz vor Ende der Bratzeit zusätzlich eine geschälte, grob gehackte Zwiebel mitandünsten. Dann den Reis zugeben und unter Rühren glasig dünsten. Die Tomaten frühzeitig mit Wasser überbrühen, schälen, in Stücke schneiden und mit der durchgepreßten Knoblauchzehe hinzufügen. Mit der doppelten Menge Brühe ablöschen. Mit Salz und Safran abschmecken. Die vorgekochten Eigelb ebenfalls zugeben. Zugedeckt 20 Minuten bei milder Hitze garen. Jetzt die Tiefkühlerbsen unter das heiße Reisgericht mischen. Alles zusammen nochmals 10 Minuten erhitzen. Die Petersilie fein hacken, über den Eintopf streuen und diesen stilgerecht in der Form auf den Tisch bringen.

Arroz con azafrán

Safranreis

1 Zwiebel · 4 EL Olivenöl · 250 g Reis
½ l Brühe · Salz · Safran

Die Zwiebel schälen und in möglichst kleine Würfel schneiden. In einer eisernen Spezialpfanne das Öl erhitzen, die Zwiebel blond darin anbraten. Sie darf aber auf keinen Fall braun werden. Den ungewaschenen Reis hineingeben und unter Rühren 2 bis 3 Minuten erhitzen. Die Reiskörner werden dabei glasig und glänzend, sollten aber auf keinen Fall bräunen. Nun Brühe, Salz und Safran zugeben. Den Reis bei ganz schwacher Hitze ausquellen lassen. Er darf nur während der ersten 3 Minuten gerührt werden, sonst würde er matschig werden. Wenn Sie den dafür typischen spanischen Rundkornreis verwenden, ist der Reis bereits nach 20 Minuten locker ausgequollen. In der Pfanne auftragen.

Sollten Sie den Reis vor dem Essen in der Küche warm halten wollen, so bedecken Sie ihn mit einem 4fach zusammengelegten Geschirrtuch und stellen ihn in den schwach geheizten Ofen.

Dieses Rezept wird vielfach variiert. Je nach Vorratslage wird die Fleischbrühe durch Fischbrühe ausgetauscht. Oftmals werden Kichererbsen oder grüne Bohnen oder Tomatenwürfel gleichzeitig mit dem Reis gegart. Sie können auch gesäuberte, mit Zitronensaft und Salz gewürzte Sardinen auf den Reis legen und mitgaren. Die spanische Hausfrau richtet sich mit ihrem Küchenzettel nach dem, was der Markt ihr bietet.

Arroz a banda

Reis mit Kartoffeln und Fisch

800 g gemischte Seefische · 2 EL Essig · 500 g Zwiebeln
500 g Kartoffeln · gut 1/8 l Olivenöl · 2 l Brühe
4 Knoblauchzehen · einige Petersilienzweiglein
1 Msp Zimt · Salz · Pfeffer · Safran · 250 g Reis

Den Fisch säubern, in Portionsstücke schneiden, mit Essig beträufelt beiseite stellen. Die Zwiebeln schälen, grob zerschneiden. Die Kartoffeln schälen, waschen und halbieren. Das Öl im Topf erhitzen, die Kartoffel-Zwiebel-Mischung darin andünsten. Die unzerteilten Knoblauchzehen, Petersilienzweiglein, Zimt, Salz, Pfeffer und Safran mit der Hälfte der Brühe zugeben. Nach 20 Minuten die Fischstücke und weitere Brühe in den Topf geben. Nun müssen die Zutaten noch 10 Minuten leise garen. Den Topf von der Kochstelle nehmen.

In einer Paellapfanne das restliche Öl mit grobgehackten Knoblauchzehen erhitzen und den Reis darin wenden. Mit der doppelten Menge an Brühe, die man dem Fischtopf entnimmt, ablöschen. Zum Kochen bringen und in 20 Minuten ausquellen lassen. Während der letzten 5 Minuten ist es günstig, den Reis in den vorgewärmten Ofen zu schieben, damit er trocknet. Fisch, Kartoffeln und Reis werden zur gleichen Zeit auf den Tisch gestellt.

Patatas castellanas

Kartoffeln in Knoblauchsauce

3 EL Olivenöl · 2 Zwiebeln · 3–6 Knoblauchzehen
1 Bund Petersilie · 50 g Mandeln · 1 Scheibe Weißbrot
1 Nelke · Pfeffer · Salz · 8–12 Kartoffeln · ¼ l Brühe

Das Öl in einer Pfanne erhitzen. Die Zwiebeln und Knoblauchzehen schälen, grob zerkleinern. Mit der grobgehackten Petersilie, den geschälten Mandeln und den Weißbrotscheiben, der Nelke, Salz und Pfeffer in das heiße Öl geben und unter Rühren alle Zutaten rösten. Die Nelke wieder herausnehmen, die Zutaten im Mixer oder traditionsgemäß im Mörser zerkleinern. Nun die Kartoffeln schälen, in Scheiben schneiden und in einen dickwandigen Topf legen. Die zuvor beschriebene Paste daraufgeben, die Brühe darübergießen. Die Kartoffeln sollen knapp mit Flüssigkeit bedeckt sein. Einen fest schließenden Deckel auflegen und das Gericht bei milder Hitze in etwa 40 Minuten garen.

Patatas asadas

Kartoffeln vom Blech

8 Kartoffeln · Öl · Salz

Die Kartoffeln sehr gründlich waschen und längs halbieren. Die Schnittflächen etwa 2 mm tief rautenartig einkerben. Mit Salz bestreuen und auf ein geöltes Blech setzen. Auf der Schalenseite etwas salzen. Auf der mittleren Schiene im vorgeheizten Backofen in 40 Minuten garen. Heiß oder lauwarm zu Tisch bringen. Dazu gibt es die klassische Knoblauchmayonnaise *Alioli.*

Marmitako típico de Motrico

Kartoffeleintopf mit Thunfisch

8 Kartoffeln · Salz · 1 Lorbeerblatt · 4 EL Öl

2 große Zwiebeln · 600 g frischer Thunfisch

2 EL Essig · 100 g Stangenweißbrot

Die Kartoffeln schälen, waschen, in Stücke schneiden. Knapp mit Salzwasser bedecken, das Lorbeerblatt zufügen und 15 Minuten vorkochen. Die Zwiebeln schälen, in Scheiben schneiden und in einer Pfanne in reichlich Öl unter Rühren 5 Minuten hell-goldgelb dünsten. Den Thunfisch – es sollte sich um frische Ware handeln – in Stücke schneiden, mit Essig beträufeln. Zwiebeln und Thunfisch zu den Kartoffeln geben. Alles zusammen zugedeckt 15 Minuten garen. Nun vorsichtig die Zutaten so vermischen, daß die einzelnen Bestandteile nicht zerfallen. Abschmekken.

Der Eintopf kann durch Zufügen von gerösteten Weißbrotscheiben, frischen Paprikaschoten in Stücken (sie müssen mit den Zwiebeln gegart werden) und durch Würzen mit Edelsüß-Paprika variiert werden.

Habas a la asturiana

Dicke Bohnen auf asturische Art

4 EL Olivenöl · 100 g Schinkenspeck
4 mittelgroße Zwiebeln · 2 Knoblauchzehen · ½ TL Paprika
3 Möhren · 500 g ausgelöste dicke Bohnen · ¼ l Brühe
1 guter Schuß Weißwein · 3–4 Kartoffeln · Salz · Pfeffer

Den Boden eines dickwandigen Topfes, der möglichst aus Gußeisen gefertigt sein sollte, mit Öl bedecken. Den Schinkenspeck in Würfel oder Streifen schneiden und im Öl ausbraten. Die Zwiebeln schälen, grob hacken und mit den gehackten Knoblauchzehen hinzufügen, leicht bräunen, mit Paprika würzen. Die Möhren schälen, die dünne Scheibchen schneiden und mit Bohnen, Brühe, Wein, Salz und Pfeffer in den Topf geben. Den Deckel auflegen. Alles zum Kochen bringen und bei milder Hitze 15 bis 20 Minuten garen. Inzwischen die Kartoffeln schälen, in kleine Würfel schneiden, unter das Gemüse heben und weitere 15 Minuten kochen. Vor dem Servieren das Gericht noch einmal abschmecken.

Judías a lo tío Lucas

Weiße Bohnen nach Art von Onkel Lukas

500 g weiße Bohnen · 125 g durchwachsener Speck
1 Zwiebel · 1 Knolle Knoblauch
4–6 EL Olivenöl · 1 Lorbeerblatt · 1 TL Paprika
1 Petersilienzweiglein · Salz

Die weißen Bohnen waschen und über Nacht in reichlich Wasser quellen lassen. Den Speck würfelig schneiden, die Zwiebel schä-

len. Traditionsgemäß wird sie nicht zerschnitten. Auch die Knoblauchknolle unzerteilt lassen. In unseren Breitengraden werden wir uns jedoch wohl meistens mit 1 oder 2 Zehen begnügen. Nun das Öl im Schmortopf heiß werden lassen. Den Speck darin anbraten. Bohnen, Zwiebel, Knoblauch, Lorbeer, Paprika und Petersilie dazugeben. Mit dem Einweichwasser gut bedecken. Bei gelinder Hitze in etwa 2 Stunden leise garen. Nach der Hälfte der Kochzeit salzen.
Gelegentlich werden auch würzige Paprikawürstchen mitgegart. Manche Hausfrauen geben einen Schuß herben Anislikör und einige Minzblätter dazu.

Habas a la catalana

Dicke Bohnen katalanische Art

80 g Speck · 50 g Schmalz · 1 Zwiebel

2 Knoblauchzehen · 3 Tomaten · 2 kg dicke Bohnen

1 Glas trockener Wein · 1 Gläschen Anisette

200 g Blutwurst (Butifarra) · 200 g Mettwurst mit Paprika

Salz · Pfeffer · Thymian · Lorbeer · Minze · Rosmarin

Zimt · Zucker · Petersilie · knapp ¼ l Brühe

Den Speck in Stifte schneiden und mit dem Schmalz ausbraten. Die Zwiebel schälen, grob schneiden. Die Knoblauchzehen durchpressen. Beides in den Topf geben. Die Tomaten überbrühen, die Schalen abziehen, klein schneiden, dabei die Samenkörner entfernen. Ebenfalls beifügen. Die dicken Bohnen (in Spanien werden dicke Bohnen sehr frühzeitig geerntet, damit sie zart bleiben) in diese Mischung geben. Nun den Wein und den charakteristischen Anisschnaps daraufgeben. Die Blutwürste obenauf legen, ebenso die Mettwürste. Sie können statt dessen auch Stücke mageren geräucherten Specks darauflegen. Wichtig ist das aparte Würzen mit Thymian, Lorbeer, Minze, Rosmarin, Zimt, Zucker, Salz, Pfeffer und Petersilie. Einen Deckel auflegen. Die Brühe nach und nach angießen, damit das Gemüse nicht anbrennt. Heiß servieren.

Olla gitana

Zigeunereintopf

250 g Kichererbsen · 200 g getrocknete weiße Bohnen
250 g grüne Bohnen · ca. 150 g Kürbis · 250 g Birnen · Salz
4 Scheiben Weißbrot · 4 EL Olivenöl · 1 Knoblauchzehe
1 Zwiebel · 2 Tomaten · Paprika · Safran · Pfeffer
2 EL Essig · 50 g Mandeln

Kichererbsen gehören zur Familie der Hülsenfrüchte. Sie sind orange-gelb, etwas größer als Trockenerbsen und haben eine leicht runzelige Oberfläche. In allen Mittelmeerländern sind sie sehr verbreitet.

Erbsen und weiße Bohnen verlesen, mehrere Male waschen und mit reichlich Wasser bedeckt über Nacht quellen lassen. Am folgenden Tag in einem großen Topf mit dem Einweichwasser zum Kochen bringen. Eine gute Stunde vorgaren. Inzwischen die grünen Bohnen putzen und brechen. Den Kürbis von Schale und Kernen befreien, in Würfel schneiden. Die Birnen schälen und in schmale Spalten schneiden, dabei das Kernhaus entfernen. Das Gemüse und Salz zu den Hülsenfrüchten geben, alles zugedeckt noch eine gute halbe Stunde kochen lassen. Die Weißbrotscheiben mit gehacktem Knoblauch im Öl rösten und beiseite stellen. Nun die Zwiebel schälen und würfeln, im restlichen Öl braten.

Nebenbei die Tomaten überbrühen, schälen, kleinhacken, hinzufügen.
Diese Mischung mit Paprika, Safran, Pfeffer und Essig würzen und unter die Gemüsemischung ziehen. Die Mandeln rösten, hacken, kurz vor dem Servieren über den Eintopf streuen.
Ein preisgünstiges, apartes Gericht.

Marmitako

Thunfischeintopf

800 g Kartoffeln · 1 Lorbeerblatt · Brühe · 6 EL Olivenöl
2 Knoblauchzehen · 2 große Zwiebeln · Salz · Pfeffer
600–800 g frischer Thunfisch · 100 g Weißbrot

Die Kartoffeln schälen, in große Würfel schneiden und mit Lorbeerblatt und Brühe in einem Topf aus dickem Eisen oder Ton zum Kochen bringen. Währenddessen die Knoblauchzehen schälen, fein hacken. Die Zwiebeln schälen und in Achtel schneiden. Den Thunfisch – hierfür können sowohl »Atun« als auch »Bonito« verwendet werden – putzen und in etwa gulaschgroße Stücke schneiden. Alles zusammen in einer Pfanne ca. 10 Minuten im Öl rösten. Zu den Kartoffeln geben, nachdem diese etwa 15 Minuten gekocht haben, kräftig mit Salz und Pfeffer würzen und unter Umständen noch etwas Brühe ergänzen. Das Weißbrot in dünne Scheiben schneiden, kurz in etwas Öl in der Pfanne anrösten und auf den Fisch legen. Alles noch ein wenig nachsalzen. Nach weiteren 15 Minuten Garzeit das Gericht im Topf auftragen.

Caldeirada

Fischeintopf

800 g gemischte Seefische (Kabeljau, Schellfisch, Goldbarsch, Seehecht, Heilbutt, Steinbutt, Hornhecht)
2 EL Essig · Salz · 800 g Kartoffeln · 4 EL Olivenöl
4 Knoblauchzehen · 1 TL Paprika · 4 EL Essig

Den Fisch säubern, in Stücke von ca. 50 g portionieren und mit etwas Essig beträufeln. Leicht salzen.
Die Kartoffeln schälen, große halbieren oder vierteln, kleine können ganz bleiben. Sehr typisch ist es, wenn Sie zum Garen frisches Meerwasser verwenden – so ist es in Nordspanien üblich. Wenn die Kartoffeln fast gar sind, die Fischstücke obenauf legen. Zugedeckt 10 Minuten auf den Kartoffeln garen.
Die Knoblauchzehen schälen und fein hacken, in heißem Öl kurz braten, mit Pfeffer und Essig würzen und mit etwas Fleischbrühe ablöschen. Diesen Sud zum Schluß unter den Eintopf mengen. Noch einmal abschmecken.

Purrusalda

Laucheintopf mit Stockfisch

400 g Stockfisch · 3 Knoblauchzehen · 600–800 g Lauch
500–600 g Kartoffeln · 6–8 EL Olivenöl
1 kleines Lorbeerblatt · Pfeffer · Salz · Paprika · Brühe

Den Stockfisch zunächst gründlich waschen und am besten über Nacht in reichlich Wasser quellen lassen. In Stücke schneiden, dabei die Gräten entfernen. Die Knoblauchzehen schälen, jedoch nicht zerschneiden. Den Lauch putzen, sehr gründlich waschen und in daumenbreite Ringe schneiden. Die Kartoffeln schälen, der Länge nach vierteln oder sechsteln, ebenfalls waschen. In einem dickwandigen Topf das Öl erhitzen und den Knoblauch darin anbraten. Wieder aus dem Topf nehmen. Nun den Lauch und die Kartoffeln in Knoblauchöl lichtblond rösten. Die Stockfischstücke, Lorbeerblatt, Salz, Pfeffer, Paprika und etwas Brühe beifügen, die Knoblauchzehen obenauf legen. Das Eintopfgericht zugedeckt etwa 45 Minuten leise garen. Es ist wichtig, daß zwischendurch nicht umgerührt wird, weil der Eintopf sonst leicht anbrennt. Vor dem Servieren noch einmal abschmecken.

Estofado de buey a la asturiana

Asturischer Rindfleischeintopf

400 g Rindfleisch (Schulter) · 50 g Schweineschmalz
100 g Speck · 400 g milde Zwiebeln · 1 kleine Kalbshaxe
125 g Möhren · 125 g weiße Rübchen · ¼ l Rotwein
4 EL Essig · Salz · Pfeffer · 1 Bund Petersilie
Rosmarin · Thymian · Oregano

Das Rindfleisch in 4 Stücke schneiden. Im Schmalz in einem Schmortopf anbraten. Den Speck in Würfel schneiden, glasig mitbraten. Die Zwiebel schälen, in dünne Scheiben schneiden, zum Fleisch geben und goldbraun braten. Das Kalbfleisch von der Haxe lösen, ebenfalls in den Topf geben, den Knochen in einige Stücke hacken und gleichermaßen zufügen. Den Inhalt des Topfes gelegentlich wenden, so daß alles gleichmäßig bräunt. Nun die Möhren und Rübchen putzen, in Stücke schneiden und mit dem Rotwein und Essig dazugeben. Kräftig würzen. Einen Deckel auflegen und das Fleisch langsam bei milder Hitze weich dünsten.
Zum Anrichten das Fleisch in die Mitte einer Platte legen, die Gemüsemischung rundherum garnieren, die Sauce darübergießen.

Cordero a la pastora

Lammeintopf nach Hirtinnenart

800 g Lammfleisch (Schulter) · schwarzer Pfeffer
1 Nelke · 2 Knoblauchzehen · 3 EL Essig
1 Glas Weißwein · Salz · 4 EL Olivenöl · Thymian
Rosmarin · Minze · Lorbeerblatt · Petersilie
1 EL Mehl · gut ¼ l Brühe · ca. 800 g Kartoffeln
evtl. ⅛ l süße oder saure Sahne

Das Lammfleisch in Würfel schneiden, die etwas größer als gulaschgroß sind. Den Pfeffer mit Nelke, feingehacktem Knoblauch, Essig und Wein mischen, das Fleisch damit beizen. Zugedeckt über Nacht an kühler Stelle stehenlassen.
In einem Schmortopf das Öl erhitzen, das Fleisch von allen Seiten schön braun darin anbraten. Mit Salz und den Kräutern gut würzen. Das Mehl über das Fleisch stäuben. Die restliche Beize und die Brühe aufgießen. Zugedeckt 1 Stunde schmoren lassen, eventuell verkochte Flüssigkeit durch Wasser ergänzen. Inzwischen die Kartoffeln schälen und vierteln. Noch 30 Minuten zusammen mit dem Fleisch garen. Erst jetzt alle Zutaten vermischen und würzig abschmecken. Im Topf mit gehackter Petersilie bestreut auftragen. Wer will, kann den Eintopf noch durch süße oder saure Sahne verbessern.

Calamares rellenos · *Gefüllte Tintenfische* (Rezept Seite 88)

Über das Finale einer guten Mahlzeit: Obst, Käse Süßspeisen und Gebäck

Oft erscheint es dem Spanienreisenden beinahe überflüssig, gegen Ende einer Speisenfolge für die Wahl der Süßspeisen die Karte noch einmal zu erbitten. Das Angebot ist gering. Mit Sicherheit gibt es Eis, welches ursprünglich von den Arabern zuerst an den Küstenorten eingeführt wurde.

Die Auswahl der Früchte ist dagegen schon verlockender. In der Gegend von Valencia werden auf großen, weitflächigen Plantagen, teilweise von Plastiktunneln überdeckt, von November bis Ende Mai Erdbeeren geerntet. Ende April, wenn auf deutschen Feldern die Pflanzen gerade beginnen neu auszutreiben, läuft die Ernte schon auf Hochtouren. Im Mai gibt es in der Nähe von Alicante und Murcia die ersten Baumfrüchte, *nísperos* genannt. Es sind birnenförmige kleine, sehr saftige Früchte, die einen erfrischenden, leicht säuerlichen Geschmack haben und in der Mitte 2 bis 3 dunkelbraune, glänzende Kerne bergen. Ursprünglich ist der auch als Loquat bezeichnete Baum in China oder Japan beheimatet. Die langen, immergrünen Blätter weisen auf der Unterseite einen weißen Filz auf. Nach der Blütezeit im Herbst reifen die Früchte langsam während des Winters. Im unreifen Zustand ist das Obst wegen des hohen Säuregehalts absolut ungeeignet zum Verzehr, es reift dann auch nicht mehr nach. Aus diesem Grunde

pflückt man auch nur ganz reife, saftige *nísperos,* die im Inland verzehrt werden, weil sie keinen längeren Transport überstehen würden.
Wie gut die Aprikose, die im vollreifen Zustand gepflückt wurde, schmeckt, weiß man auch nur, wenn man sie in Spanien selbst essen konnte. Die bei uns aus Spanien importierten Aprikosen werden ja leider alle unreif geerntet.
Pfirsiche und die mit ihnen verwandten, glattschaligen, aromatischen Nektarinen sowie grüne und blaue Feigen dominieren während der Sommermonate. Saftig und als durstlöschende Frucht außerordentlich beliebt sind die kindskopfgroßen Wassermelonen, und auch die kleineren Honigmelonen sind im heißen Sommer ein Labsal.
Kirschen von vorzüglicher Qualität, Himbeeren, Brombeeren und Johannisbeeren sind auf dem spanischen Obstmarkt selten.
Im Herbst werden natürlich blaue und grüne Trauben, Melonen, Birnen und Äpfel in reicher Menge zu attraktiven Preisen angeboten.
Wer über einen Markt schlendert, wird dann mit Sicherheit auch die leuchtend roten Granatäpfel finden, unter deren ledrigen Schalen sich eine Vielzahl kleiner, dunkler Samen mit saftiger Hülle befindet. Die säuerlich-süßen Samenumhüllungen erinnern im Geschmack entfernt an die rote Johannisbeere. Der Granatapfel gedeiht auf bis zu 8 m hohen Bäumen, er gab der maurischen Stadt Granada den Namen und ziert auch das Wappen derselben.
Wundern Sie sich darüber, daß die Bananen in Spanien so klein sind? Es handelt sich dabei um Spezialsorten, die auf den Kanarischen Inseln gedeihen. Sie sind wesentlich saftiger und aromatischer als die oft überzüchteten mittelamerikanischen Prachtexemplare, die unreif transportiert werden.
Ananas wird frisch als Importware aus Afrika, aber auch als Dosenware, meistens mit Kirschwasser parfümiert, in vielen Restaurants als Nachspeise serviert.
Das Johannisbrot, also die etwa 3 cm breiten und 20 cm langen

Samenhülsen des dekorativen Johannisbrotbaumes, erwähnen wir hier nur der Vollständigkeit halber.
Zitronen wachsen auf immergrünen, ursprünglich aus Indien stammenden, bis zu 8 m hohen Bäumen zwischen Alicante und Algeciras, also im südlichen Teil Spaniens. Sie werden das ganze Jahr über geerntet. Oft können wir an einem Baum Blüten und Früchte zugleich entdecken. Zitronen mit feinporigen Schalen ergeben mehr Saft als die dickschalige, großporige Sommerware.
Die Ernte der übrigen Zitrusfrüchte beginnt Anfang Oktober mit den frühen Mandarinen und Navelorangen.
Die Moro-Orange gehört zu der Gruppe der Blutorangen, bei denen Schale und Fleisch oftmals dunkelrot sind.
Blond-Orangen, auch Valencia genannt, sind als außerordentlich saftige Konsumorangen sehr beliebt.
Speziell für Orangenmarmelade und Orangeat werden in der Gegend von Sevilla bittere Orangen oder Pomeranzen gezüchtet.
Mandarinen ähneln im Aroma den Orangen. Besonders leicht schälbar sind die bereits im Oktober reifen Satsumas. Ihre Haut umgibt das Fruchtfleisch nur sehr locker und läßt sich deshalb leicht lösen.
Tangerinen – benannt nach der marokkanischen Hafenstadt Tanger – und die kleinfrüchtigen Clementinen lassen sich zwar etwas schwerer schälen, zeichnen sich aber durch ein wundervolles Aroma und die Tatsache, daß sie kernlos sind, aus.
Orangenbäume werden plantagenartig gepflanzt und brauchen 4 bis 5 Jahre, ehe die ersten Früchte geerntet werden können. Die wirkliche Ertragszeit reicht vom 10. bis 20. Lebensjahr des Baumes, doch findet man gelegentlich auch noch Bäume, die über 100 Jahre alt sind.
Grapefruits sind vergleichsweise unbedeutend.
Wen nimmt es Wunder, daß die spanische Hausfrau sich bei diesem Angebot frischer Früchte nicht allzu sehr um andere Desserts bemüht?

Der Flan, ein Verwandter unseres deutschen Vanillepuddings, ist im Grunde eine französische Erfindung.
Auch der Käse nimmt auf der spanischen Speisekarte keinesfalls einen so bedeutenden Platz ein wie in Frankreich. In international geführen Restaurants werden natürlich Sorten aus Frankreich, Holland, der Schweiz und Italien angeboten. Darüber hinaus gibt es auch einige typische spanische Sorten, die sehr wohlschmekkend sind.
Rinderherden werden vor allen Dingen in Nordspanien gehalten. Der *queso de Cebrero* wird in Galicien in zylindrischen Formen aus Kastanienrinden frisch und trocken fabriziert. Auch *queso de Piedra Fita* wird aus Kuhmilch hergestellt, in Stroh gewickelt und in Holzbehältern aufgehoben.
Queso de Mahón kommt aus der Gegend um Mahón, also Menorca. Dieser Kuhmilchkäse wird mit einer Schicht von Olivenöl bedeckt, so daß er sich lange hält.
Aus Ziegenmilch werden diverse Sorten hergestellt, die allgemein als *queso de cabra* gehandelt werden. *Queso de Puerto Real* und *queso Castil Blanco* sind Ziegenkäse aus Cadiz oder Frischkäse.
Als *Manchego, queso de Cáceres, queso de Burgos, queso de burro Ana* und *queso de pata de mulo* bezeichnet man runde oder ziegelförmige Schafskäse, die zumeist ein köstliches Aroma besitzen.
Für uns Ausländer ist es zunächst befremdend, daß die Spanier den Käse gerne zusammen mit Quittenpaste essen. Dieses *membrillo* wird aus Quitten und Zucker im Herbst gekocht und hat eine wunderschöne orange Färbung und ein feines Fruchtaroma.
Feigen, Trauben, Walnüsse, Birnen und Apfelschnitze bürgern sich als Ergänzung zur Käseplatte auch in Spanien immer mehr ein.

MANDELN, TURRÓN UND ANDERES KONFEKT

Wohl jeder, der im Januar oder Februar einmal seinen Urlaub auf der Iberischen Halbinsel oder auf den Balearen verbrachte, erinnert sich an die überschwengliche Pracht der blühenden Mandelplantagen.

Man erzählt sich, daß vor vielen hundert Jahren ein arabischer Prinz, der in Spanien residierte, eine schöne Prinzessin aus dem hohen Norden zur Frau nahm. Doch die Prinzessin litt an Heimweh und sehnte sich nach dem weißen Schnee ihrer Heimat. Da ließ der Prinz aus seiner Heimat eine Vielzahl Mandelbäume kommen. Und nachdem nun Jahr für Jahr die weiße Pracht der hinuntertaumelnden Blütenblätter das Land bedeckten, war das Glück der schönen Prinzessin wiederhergestellt.

Immer wieder ist man erstaunt, mit welcher Geschicklichkeit die Spanier ihre Berghänge zu Terrassen ausbauen, um auf den schmalen Erdstreifen Mandelbäume zu pflanzen. Die Arbeit ist äußerst mühevoll. Der Boden muß regelmäßig gehackt oder gepflügt werden, die Bäume erfordern regelmäßigen Schnitt, gelegentliches Pfropfen und natürlich auch Schädlingsbekämpfung. Schon im Juni kann man zwischen den lanzettförmigen Blättern die grünen behaarten Jungmandeln erkennen. Doch erst nach der Weinlese beginnt die Erntezeit. Dafür werden große Tücher oder feinmaschige Nylonnetze auf den Erdboden gebreitet. Mit Bambusstangen, die oft 6 Meter und länger sind, schlägt man die dürren Früchte von den beinahe blattlosen Zweigen. Kinder und Frauen müssen beim Einsammeln helfen.

Nach dem Trocknen müssen die Mandeln zunächst von den schwarzen pelzartigen Umhüllungen und anschließend von den braunen Schalen befreit werden. Das geschieht meistens per Hand. Ein dicker Felsstein oder ein Hammer sind die einfachen Werkzeuge. Gelegentlich schließen sich die Bauern eines Manddorfes zusammen, um eine Maschine zu kaufen, die die Kerne knackt.

Der Erlös schwankt nach Ernteergebnis und Qualität. Bittere Mandeln erzielen den höchsten Preis. Sie wachsen auf speziellen Plantagen und werden nur in ganz geringen Quantitäten als geschmacksintensive Beigabe, z.B. bei der Marzipanherstellung, benötigt.
Kein Land der Welt produziert so viele Mandeln wie Spanien. Etwa 4 Fünftel seiner Produktion von 200000 bis 350000 Tonnen werden weltweit exportiert.
Im Lande selbst werden alljährlich zu Weihnachten große Quantitäten zu Marzipan und dem mit dem tükischen Honig verwandten *Turrón* verarbeitet. Zentrum der bereits seit dem 16. Jahrhundert bekannten *Turrón*-Herstellung ist die Provinz Alicante mit dem Ort Jijona.
Wir unterscheiden den »Jijona« Typ, der auch »blando«, also weich genannt wird, und den »Alicante« oder »duro«, also harten Typ. Für den weichen Typ werden die Mandeln zunächst geröstet und gemahlen, dann mit Honig und Eiweiß verkocht; oft wird auch Eigelb zugefügt. Beim harten Typ hingegen werden die geschälten Mandeln in einer Mischung von Eiweiß, Honig und Zucker mit geschmacksergänzenden Zutaten erwärmt. Ist die richtige Konsistenz erreicht, wird die Masse entweder zu Blöcken ausgeformt und in daumendicke, etwa schokoladetafelgroße Stücke geschnitten oder zwischen zwei Oblaten zu runden Torten gepreßt. Anschließend wird der *Turrón* luftdicht in Folie verpackt, da der Zucker die Feuchtigkeit anzieht und das Konfekt sonst weich werden würde.
Wenn man bedenkt, daß in keinem spanischen Haushalt zur Weihnachtszeit auf diese Leckerei verzichtet wird und darüber hinaus jährlich 15 Millionen Tonnen in alle europäischen Staaten, ja bis Japan, Mexiko, den Vereinigten Staaten und selbst Südafrika geschickt werden, kann man sich ein Bild davon machen, mit welcher Geschäftigkeit zwischen September und Weihnachten in den malerischen Bergdörfern Alicantes gearbeitet wird.

Turrón de Jijona

Turrón (weiche Variante)

250 g Mandeln · 250 g Haselnüsse · 5 Eiweiß

250 g Honig · 250 g Zucker · 1 EL Zimt

Die Mandeln mit kochendem Wasser überbrühen. Mandeln und Haselnüsse im Backofen rösten, bis sich die Schale der Nüsse zu lösen beginnt und die Früchte blaßgelb sind. Der Tradition zufolge müßten sie nun im Mörser zerstampft werden. Wir nehmen dafür heute entweder einen Mixer oder geben die Zutaten 2 bis 3mal durch die Mandelmühle. Die Eiweiß zu sehr steifem Schnee schlagen und die Mandel-Nuß-Masse darunterheben. In einem dickwandigen Topf den hellen Honig mit dem Zucker erwärmen, dann die Mandel-Eiweißmasse darunterziehen und 10 Minuten bei mäßiger Hitze mit dem Holzlöffel rühren. Dann die Masse daumendick auf Oblaten streichen und mit Zimt überstäuben. Vor dem Verzehr wird der *Turrón* in etwa daumengroße Stücke geschnitten.

Turrón de Alicante

Turrón (harte Variante)

550 g Honig · 250 g Zucker · 1 Eiweiß

750 g geschälte Mandeln

feingeriebene Schale von 1 ungespritzten Zitrone · Oblaten

Diese Weihnachtssüßspeise wird am besten, wenn sie den dafür typischen Honig aus Rosmarinblüten verwenden. Den Honig unter gelegentlichem Rühren zum Kochen bringen und so lange erhitzen, bis kein Dampf mehr entweicht. Nun den Zucker beifügen und das Eiweiß steifschlagen. Bei milder Hitze den Eischnee unterheben und etwa 8 Minuten mit erwärmen. Die Mandeln im Backofen rösten, dann mahlen, ehe sie mit der Zitronenschale zugefügt werden. Mit einem Holzlöffel einige Minuten rühren, dann die Masse kleinfingerdick auf große Oblaten (Ø ca. 20 cm) streichen und mit einer zweiten Oblate bedecken. Diese fest andrücken. Das Konfekt nach Erkalten fest in Alufolie einpacken.

Yemas

Eikonfekt

⅛ l Wasser · 200 g feiner Zucker · 12 Eigelb
etwas feingeriebene, ungespritzte Zitronenschale
feiner Zucker zum Wälzen
Nüsse · Mandel · Backpflaumen · Datteln

Für dieses Weihnachtskonfekt nimmt man in der Regel das bei der *Turrón*-Herstellung übriggebliebene Eigelb.
Das Wasser mit dem Zucker unter Rühren zum Kochen bringen, jedoch nicht karamelisieren lassen. In einer Schüssel die Eigelb mit dem Elektroquirl verschlagen. Die Zuckermasse dazugeben, dabei kräftig umrühren. Nun das Ganze wieder in den Topf zurückgeben und noch einmal erwärmen. Mit Zitronenschale parfümieren. Auf einer Marmorplatte etwas auskühlen lassen, nach Bedarf noch weiteren feinen Zucker darunterkneten. Eine daumendicke Wurst rollen, 3 cm große Stücke abschneiden, diese zu Kugeln formen. In Zucker wenden und in kleine Papierförmchen für Konfekt setzen. Zur Abwechslung können Sie aber auch leicht geröstete Nüsse oder Mandeln, Backpflaumen und Datteln mit dieser süßen Schleckerei umhüllen.

Piñonate

Pinienkonfekt

150 g Mandeln · 250 g Pinienkerne · 250 g feiner Zucker
feingeriebene Schale von 1 ungespritzten Zitrone
Saft von 1 Zitrone · ½ TL Zimt · etwas Weißwein

Zunächst die Mandeln überbrühen, schälen und mit der Mandelmühle reiben. Nebenbei die Pinienkerne auf einem Backblech im Ofen hellbraun rösten. Dabei immer wieder wenden.

In einem Stieltopf den Zucker mit Zitronenschale und Zitronensaft sowie dem Zimt langsam erwärmen. Dabei immer wieder umrühren. Sowie der Zucker hellbraun karamelisiert ist, die geriebenen Mandeln und die unzerkleinerten, gerösteten Pinienkerne darunterheben. Geben Sie acht, daß die Hitze nicht zu stark ist, denn die Zutaten dürfen nicht mehr als goldbraun werden. Die Hände mit Weißwein befeuchten, mit einem Teelöffel, der ebenfalls in Weißwein getunkt wurde, Portionen abstechen und diese zu eiförmigen Gebilden formen, die etwa 3 cm lang sind.

Crema de nueces

Walnußcreme

250 g Walnußkerne · 2 Scheiben trockenes Weißbrot
½ l Milch · 100 g Zucker

Für diese recht kalorienreiche Süßspeise zunächst die Nüsse, dann das trockene Weißbrot mit der Mandelmühle zerkleinern. Die Milch mit dem Zucker zum Kochen bringen, dann die Nüsse und Weißbrotkrumen dazugeben. Unter Rühren mindestens 20 Minuten, besser jedoch 45 Minuten kochen. Aufpassen, daß die Masse nicht anbrennt. Von der Kochstelle nehmen, dann über Nacht in den Kühlschrank stellen. Die Creme muß sehr kalt serviert werden.

Flan con Naranja

Karamelcreme mit Orangen

(Foto Seite 170)

Für 6 Personen

10 g Butter · 210 g Zucker · ½ l Milch
1 Vanilleschote · 3 Eier · 2 Eigelb · 3 Orangen

6 Förmchen (⅛ l Inhalt) mit Butter einfetten.
3 cl Wasser mit 150 g Zucker aufkochen und bei mittlerer Hitze zu goldbraunem Karamel schmelzen lassen. Karamel sofort in die Förmchen verteilen und darin fest werden lassen.
Milch mit der ausgekratzten Vanilleschote und dem Mark aufko-

chen, vom Herd ziehen. Eier und Eigelb mit dem restlichen Zucker verschlagen und die warme Milch hineinrühren. Die Milch durch ein Sieb gießen. Orangen waschen. Die Schale von einer Orange mit einer Reibe abreiben und in die Eiermilch rühren.
Den Backofen auf 180 °C vorheizen. Die Saftpfanne auf die 2. Einschubleiste von unten setzen und mit heißem Wasser füllen. Die Förmchen mit der Eiermilch füllen und einzeln mit Alufolie abdecken. Die Förmchen ins heiße Wasserbad stellen. Den Flan bei 160 °C garen. Die Förmchen anschließend aus dem Wasserbad nehmen und auskühlen lassen. Die restlichen Orangen wie Äpfel schälen und die Filets einzeln herausschneiden. Die Flans auf Teller stürzen und vor dem Servieren mit Orangenfilets garnieren.

Crema de San José

Geflammte Vanillecreme

½ l Milch · 3 Eigelb · 15 g Speisestärke
50–75 g Zucker · 1 Stückchen Stangenzimt
etwas dünn abgeschälte Zitronenschale
ZUM GARNIEREN:
3 EL Zucker · ⅛ l Schlagsahne

Die Milch mit dem Eigelb, der Stärke und dem Zucker in einen Stieltopf geben und mit dem Elektroquirl gründlich verschlagen. Der Zucker soll nach Möglichkeit aufgelöst sein. Nun Stangenzimt und Zitronenschale hinzufügen und den Topfinhalt erhitzen. Dabei fortwährend sorgfältig umrühren, damit sich am Boden keine Stärke absetzt. Wenn die Masse dick ist, sogleich in eine kalt ausgespülte Schüssel mit flachem Boden geben. Über Nacht kühlen.
Auf eine Platte stürzen und die Oberfläche mit einer gleichmäßi-

gen Lage feinen Zuckers bestreuen. Ein dickes Herdeisen oder einen Kaminstocher über einem offenen Feuer erhitzen, bis das Eisen rot glüht. Dicht über dem Pudding mit horizontalen Bewegungen den heißen Stocher hin und her führen. Durch die Hitze bräunt der Zucker, und es bildet sich Karamel. Den Rand der Süßspeise mit Hilfe eines Spritzbeutels mit weißen Schlagsahnetupfern festlich garnieren.

Leche frita

Gebratene Puddingwürfel

100 g Zucker · 80 g Mehl · ½ l Milch · 20 g Butter
ZUM WENDEN:
20 g Mehl · 2 Eier · 60 g Paniermehl
ZUM BRATEN:
Öl
ZUM BESTREUEN:
2 EL Zucker · Zimt

Zucker mit Mehl und Milch in einem Topf unter stetigem Rühren zum Kochen bringen und zu einem dicken Pudding aufquellen lassen. Die Butter zufügen. Die heiße Masse etwa 4 cm dick in eine mit kaltem Wasser ausgespülte, rechteckige Form geben. Die Oberfläche glätten. Über Nacht zugedeckt in den Kühlschrank stellen. Am nächsten Tag mit einem in heißes Wasser eingetauchten Messer in 3 bis 4 cm große Würfel schneiden. Diese Würfel erst in Mehl, dann in zerschlagenem Ei, dann in durchgesiebtem Paniermehl sorgfältig wenden. Unmittelbar nach dem Panieren die Puddingwürfel, und zwar jeweils 7 bis 8 Stück, in einer großen Pfanne in heißem Öl goldbraun braten. Warm mit Zucker und Zimt als Nachspeise servieren.

Fariñes

Maisbrei

400 g Maismehl · kaltes Wasser · ¼ l Milch
40 g Butter · Salz

Das Maismehl mit Hilfe eines hölzernen Kochlöffels mit soviel Wasser anrühren, daß es die Konsistenz eines sehr weichen Kartoffelpürees erreicht. Bei sehr milder Hitze 90 bis 100 Minuten kochen. Zwischendurch nicht vergessen, die Masse umzurühren und eventuell weiteres Wasser zuzufügen. Am besten erfolgt dieser Garungsprozeß im Wasserbad, damit der Maisbrei nicht anbrennt. 15 Minuten vor Fertigstellung Milch, Butter und Salz unter den Maisbrei rühren. Traditionsgemäß wird dieser mit Milch gegessen. Entweder nimmt man 1 Löffel Maisbrei aus dem großen Topf und taucht ihn dann in eine Tasse mit Milch oder aber man gibt zunächst einige Löffel Maisbrei auf einen Suppenteller und gießt dann Milch nach persönlichem Geschmack darüber. Dieses Essen ist eine asturische Spezialität.

Melocotón con vino

Pfirsich in Weinsauce

4 Pfirsiche · ½ l dunkler Rotwein · 1 Stückchen Stangenzimt
1 Stückchen Zitronenschale · 100 g Zucker

Für diese aparte Nachspeise sollten Sie möglichst reife Pfirsiche wählen. Die Früchte für 2 Minuten in einem Topf mit kochendem Wasser blanchieren, herausnehmen, abkühlen lassen und schälen. Inzwischen den Rotwein mit Zimt, Zitronenschale und

Zucker bei mäßiger Hitze kochen lassen, die Pfirsiche hineingeben. Achten Sie darauf, daß der Topf nicht zu groß ist, damit die Pfirsiche stets vom aromatischen Wein bedeckt sind. Nach 10 Minuten von der Kochstelle nehmen, im Wein erkalten lassen. Gut gekühlt servieren.

Budín de avellanas

Haselnußauflauf

200 g Haselnußkerne · 1 EL Zucker · 1 gestrichener TL Zimt

6 EL Milch · 6 Eigelb · 4 EL Zucker · 2 Eiweiß

Butter für die Form · 1 EL Puderzucker

Die Haselnüsse im Backofen rösten, bis sich die äußeren braunen Häutchen lösen. Auskühlen lassen, auf ein Tuch geben, kräftig reiben. Die so vorbereiteten Nüsse fein hacken oder mit der Mandelmühle reiben. Mit Zucker, Milch und Zimt aufkochen und auskühlen lassen.

Eigelb mit Zucker, am besten mit Hilfe des Elektroquirls, schaumig schlagen. Den abgekühlten Nußbrei und die zu Schnee geschlagenen Eiweiß darunterheben. Eine kleine feuerfeste Form sorgfältig mit Butter einpinseln. Die Masse hineinfüllen. Die Oberfläche mit einem in Wasser getauchten Löffel glätten.

Auf dem Rost bei mäßiger Hitze (Elektro 175 °C / Gas 2½) im vorgeheizten Ofen backen und heiß zu Tisch bringen.

Sie können eine Aprikosen- oder Weinschaumsauce, verdünnten Himbeersaft oder auch Apfelkompott dazu reichen.

Higos Villamiel

Feigen in Honigsauce

250 g getrocknete Feigen · 125 g Walnußkerne
¼ l dunkler Rotwein · ¼ l Portwein · 4 EL Honig
1 Glas frischgepreßter Orangensaft · ¼ l Sahne

Die Feigen mit der größeren Hälfte der Nüsse, Rot- und Portwein über Nacht quellen lassen. Dann den Honig und Orangensaft zufügen und alle Zutaten 10 Minuten bei mäßiger Hitze kochen. In eine Schüssel geben und gut abkühlen lassen. Die Sahne steif schlagen, mit Hilfe eines Spritzbeutels auf das Kompott geben, mit den restlichen Walnußkernen garnieren.

Filoas

Pfannkuchen

6 Eier · 75 g Butter · 75 g Mehl · ½ l Milch · Salz
Schmalz zum Braten · Puderzucker zum Bestreuen

Die Eier mit der weichen Butter, am besten mit Hilfe des Elektroquirls, fein verrühren. Dann das durchgesiebte Mehl, die Milch und das Salz zugeben. Der Teig muß die Beschaffenheit von dickflüssiger Sahne haben. 20 Minuten quellen lassen.
Eine Pfanne von etwa 20 cm Durchmesser entweder mit einer Speckschwarte ausreiben oder mit einem Pinsel ganz dünn mit Schmalz bestreichen. Mit einer Schöpfkelle Teig hineingeben und dann schnell die Pfanne schwenken, damit die Masse sich gleichmäßig über den ganzen Pfannenboden verteilt. Je dünner die *Filoas* sind, um so besser schmecken sie und um so typischer sind

sie. Es versteht sich von selbst, daß die Brathitze nicht allzu hoch sein darf. Sehr vorsichtig werden die *Filoas* gewendet, dabei dürfen sie nicht zerreißen. Dachziegelartig auf eine vorgewärmte Platte legen, mit Puderzucker bestäuben und warm oder kalt auf den Tisch stellen.
Zum Warmhalten kann man die Platte in den mäßig geheizten Backofen schieben. Doch sollten Sie darauf achten, daß die fertigen Pfannküchlein stets mit Alufolie abgedeckt sind, so daß sie nicht austrocknen können.

GEBÄCK

Oreletes

Fettgebäck

3 Eier · 200 g Zucker · 50 g Margarine oder Schmalz
1 TL Anis · 500 g Mehl · Öl zum Ausbacken
Zucker zum Wenden

Für den Teig die Eier mit Zucker und Margarine oder Schmalz am besten mit dem Elektroquirl schaumig rühren. Die Anissamen mit dem Mörser zerquetschen. Falls Sie über keinen Mörser verfügen, geben Sie die Anissamen auf ein Holzbrett und rollen mit einem Marmeladeglas darüber hin und her. Anis und Mehl miteinander vermischen und unter die Schaummasse geben. Einen geschmeidigen Teig kneten, diesen 30 Minuten kühlen. Für die *Oreletes* den Teig nicht zu dünn ausrollen und in fingerbreite, etwa 30 cm lange Streifen schneiden. Diese zu runden Schnecken zusammendrehen.
Das Öl in einem eisernen Topf oder in der Friteuse auf 180 °C er-

hitzen. Wenn von einem hineingehaltenen Hölzchen Blasen aufsteigen, ist das Fett heiß genug. Jeweils 3 bis 4 *Oreletes* in das heiße Fett geben und goldbraun ausbacken. Zwischendurch einmal wenden. Auf Küchenkrepp abtropfen lassen. Mit feinem Zucker bestäubt möglichst frisch servieren.
Wer den Teig lockerer wünscht, kann zusätzlich einen Beutel Backpulver in den Teig geben.

Churros

Jahrmarktsgebäck

½ l Wasser · 1 TL Salz · 300 g Mehl

Öl zum Fritieren · Zucker zum Bestreuen

Zu einem klassischen spanischen Frühstück gibt es heiße Schokolade, die mit etwas Stärkemehl gebunden wurde, und *Churros*. Die *Churros* werden oft im Freien an Straßenecken in großen Kesseln zubereitet, und schon am frühen Morgen schickt die Hausfrau eines der Kinder hinunter, um die nötige Quantität zu kaufen. Aber auch auf den Jahrmärkten anläßlich der Dorffeste lassen die *Churros*-Bäcker sich sehen. Kein Wunder, die Zutaten sind preiswert und ein guter Erlös ist gewiß. Das Fettgebäck wird in spitzen, aus Packpapier gedrehten Tüten angeboten und gleich neben dem Schießstand oder dem Karussel schnabuliert. Frisch schmeckt es ja auch am besten.
Sie benötigen dafür eine Spritze mit sternförmiger Tülle. Es ist die gleiche, die bei uns in der Adventzeit für S-Gebäck etc. verwendet wird.
Für den Teig das Wasser mit Salz zum Kochen bringen. Das zuvor gesiebte Mehl auf einmal in die kochende Flüssigkeit geben. Heftig dabei rühren. Es bildet sich eine breiförmige Masse, die sich leicht von der Topfwand lösen sollte. Abkühlen lassen.

Tortilla española · *Kartoffelomelett* (Rezept Seite 100)

Flan con Naranja · *Karamelcreme mit Orangen* (Rezept Seite 161)

Nun das Öl auf 180 °C erhitzen. Den Teig in eine Gebäckspritze mit Sterntülle füllen und wie eine Schnecke, also spiralförmig, in das heiße Fett spritzen. Wenn die Unterseite braun ist, die Spirale wenden. Herausheben, in ca. 10 cm lange Stücke schneiden, mit Zucker bestreuen und warm servieren. Da der Teig ziemlich fest ist, kann er leider nicht mit dem Spritzbeutel verarbeitet werden, dieser würde beim Herausdrücken des Teiges garantiert platzen.

Buñuelos del Ampurdán

Fettgebäckkringel

500 g Mehl · 1 TL Zimt

1 TL gemahlener Koriander · 1 Msp Piment · ½ TL Salz

feingeriebene Schale von ½ ungespritzten Zitrone

20 g Hefe · ⅛ l Milch · 100 g Zucker · 3 Eier

50 g Butter oder Margarine · Öl zum Ausbacken

Zucker zum Bestreuen

Für den lockeren Hefeteig zunächst das Mehl mit allen Gewürzen gut vermengen. In die Mitte eine Vertiefung drücken, da hinein die Hefe bröckeln. Mit der Milch und etwas Zucker verrühren, an warmer Stelle 20 Minuten aufgehen lassen. Den restlichen Zucker, die Eier, die zerlassene Butter und eventuell noch etwas Milch hinzufügen. Einen lockeren Hefeteig schlagen. Den Teig in etwa 20 Stücke teilen. Auf bemehlter Unterlage zu kleinfingerdicken Würstchen ausrollen, die Enden mit Wasser befeuchten und zusammenkleben, damit Ringe entstehen. Vor dem Backen noch einmal aufgehen lassen.
Reichlich Öl in der Friteuse erhitzen. Wenn Sie einen Kochlöffelstiel in das Fett halten und Bläschen aufsteigen, ist die notwendi-

ge Temperatur erreicht. Jeweils 3 bis 4 Kringel von beiden Seiten goldbraun backen. Herausnehmen, das Öl sehr gut abtropfen lassen. Zum Schluß das Gebäck in feinem Zucker wenden. Diese Kringel schmecken warm oder kalt. Sie sollten aber in jedem Fall frisch verzehrt werden.

Ensaimada

Hefeschnitten

¼ l Wasser · 200 g Zucker · 3 Eier · 25 g Hefe · 600 g Mehl
Salz · 200 g Schmalz · Puderzucker zum Bestäuben

Ensaimadas werden hauptsächlich auf Mallorca und Ibiza, aber natürlich auch auf dem Festland gebacken. Es handelt sich um ein sehr lockeres, leichtes Hefegebäck, welches zu Schnecken ausgeformt wird. Die Spanier lieben es, *esaimadas* zum Kakao oder Milchkaffee zum Frühstück zu verzehren. Frisch zubereitet ist dieses Gebäck eine Delikatesse. Jeder, der in Palma de Mallorca ein Flugzeug oder ein Schiff bestiegen hat, wird sich an die großen runden Kuchendosen erinnern, die die Spanierinnen als Souvenir von der Insel heimtragen. Das Gebäck hat einen Durchmesser von mindestens 20 cm, und nach oben hin scheien keine Grenzen gesetzt zu sein.
Für den Teig das Wasser mit dem Zucker, den Eiern und der Hefe mit dem Elektroquirl verschlagen. Dann das Mehl darunter wirken. Alles mit dem Schmalz verkneten. Es soll ein sehr leichter, lockerer Hefeteig entstehen. Den Teig entweder zu einer langen Wurst ausrollen oder aber in ca. 12 Stücke schneiden und daraus kleinere, dünnere Würste formen. Schneckenförmig auf gefettete Backbleche legen und dabei aufpassen, daß zunächst zwischen den Windungen reichlich Abstand besteht, weil sonst das Gebäck nicht gleichmäßig aufgehen kann. Mit einem Geschirrtuch ab-

decken und nach spanischer Manier 7 Stunden zum Gehen beiseite stellen. Nun die Oberfläche vorsichtig mit Wasser bepinseln. Auf der zweitobersten Schiene im vorgeheizten Backofen bei mäßiger Hitze (Elektro 175°C/Gas 2½) etwa 25 Minuten goldgelb backen. Vom Blech heben, gleichmäßig mit Puderzucker bestäuben.

Coca de San Juan

Johannesfladen

375 g Mehl · 20 g Hefe · ¼ l Milch · 125 g Zucker
100 g Butter · 3 Eier · 100 g kandierte Orangen
75 g kandierte rote Kirschen · 50 g Pinienkerne
etwas feingeriebene, ungespritzte Zitronenschale
½ TL Zimt · ½ TL Anis · ½ TL Salz

Das Mehl in eine Schüssel sieben, in die Mitte eine Vertiefung drücken, da hinein die Hefe bröckeln. Mit etwas lauwarmer Milch und 1 TL vom Zucker zu einer breiähnlichen Masse verrühren. 30 Minuten an warmer Stelle gehen lassen. Dann die übrige Milch, den restlichen Zucker, zerlassene abgekühlte Butter und die Eier darunterwirken. Es soll ein geschmeidiger Hefeteig entstehen. Jeweils die Hälfte der kandierten Orangen, Kirschen und Pinienkerne sowie Zitronenschale, Zimt, zerdrückte Aniskörner und Salz unter den Teig kneten und ein länglich ovales Brot daraus formen. Die Oberfläche zweimal mit Wasser bepinseln. Hübsch mit den restlichen Orangenschalen, halbierten Kirschen und Pinienkernen garnieren. Zum Schluß noch 1 EL Zukker darüberstreuen.
30 Minuten an einem warmen Ort gehen lassen, dann auf der mittleren Schiene des vorgeheizten Backofens (Elektro 200°C/Gas 3) ca. 45 Minuten backen.

Torta de almendras

Mandeltorte

(Foto Seite 187)

4 Eier · 200 g Zucker · 200 g Mandeln
etwas feingeriebene, ungespritzte Zitronenschale
1 Msp Zimt · Mehl zum Ausstäuben der Form
Puderzucker zum Bestäuben

Mit Hilfe des elektrischen Handquirls ist dieser in Spanien weitverbreitete Kuchen im Nu zubereitet. Er wird ohne Mehl hergestellt und fehlt an keinem der hohen kirchlichen Festtage und eigentlich auch auf keinem Familienfest.

In einer Schüssel die Eier mit dem Zucker so lange schlagen, bis der Zucker nicht mehr knirscht. Die Mandeln verlesen, mit der Mandelmühle fein reiben, dann mit Zitronenschale und Zimt vermischen. Nach und nach mit dem Löffel unter die Schaummasse heben. Dabei aufpassen, daß die schaumige Konsistenz wenigstens teilweise vorhanden bleibt, also nicht zu stark rühren. Eine runde Springform (Ø ca. 24 cm) mit Butter auspinseln und mit Mehl bestäuben. Den Teig unmittelbar nach seiner Fertigstellung hineinfüllen. Mit einem Spachtel die Oberfläche glätten und ein wenig zum Rand hin hochziehen.

Auf einen Rost in den mäßig vorgeheizten Ofen (Elektro 175 °C/ Gas 2½) auf die zweitunterste Schiene einschieben. 45 bis 50 Minuten bei milder Hitze backen. Während der ersten 30 Minuten keinesfalls den Backofen öffnen, weil der Kuchen dann bestimmt zusammenfallen würde. Löst sich der Teig vom Rand und bleibt das Hölzchen beim Hineinstecken trocken, ist die Mandeltorte fertig. Da sie leicht zusammenfällt, im Backofen auskühlen lassen. Mit dem Messer vom Formrand lösen, mit Puderzucker bestäuben, auf eine Platte geben.

Durch den hohen Gehalt an Mandeln ist diese Torte recht nährstoffreich. Sie ist aber längere Zeit haltbar, wenn sie nach dem Erkalten sorgfältig in Alufolie eingeschlagen wird, so daß sie nicht austrocknen kann.

Pastel de manzana

Apfelkuchen

250 g Mehl · 200 g Zucker · 1 Ei

⅛ l Öl · 1 Gläschen Rum · 1 Beutel Vanillinzucker

etwas feingeriebene Zitronenschale

1 Prise Salz · evtl. etwas Milch

FÜR DIE FÜLLUNG:

4 große Äpfel · Saft von ½ Zitrone

FÜR DEN GUSS:

¼ l Milch · 1 EL Speisestärke · 3 Eigelb

1 Beutel Vanillinzucker · 1 Gläschen Kirschwasser

Zunächst aus Mehl, Zucker, Ei, Öl, Vanillinzucker und Zitronenschale sowie dem Salz einen Mürbeteig bereiten. Die Zutaten kurz zusammenkneten, eventuell etwas Milch beifügen. Auf bemehlter Unterlage in Größe einer Springform von 28 cm Ø ausrollen. Die gefettete Form damit auskleiden. Den Teig am Rand etwa 3 cm hochziehen. Zum Schluß den Teig mit der Gabel mehrere Male einstechen, damit er sich beim Backen nicht wirft.

Die Äpfel schälen, das Kernhaus entfernen und die Äpfel in dünne Spalten schneiden. Spiralförmig so auf den Teig legen, daß jede Apfelscheibe die vorhergehende gut zur Hälfte bedeckt. Mit Zitronensaft beträufeln.

Für den Guß die Zutaten in einen Stieltopf geben und bei sehr milder Hitze unter fortwährendem Schlagen heiß werden lassen,

so daß die Masse dicklich wird. Sie darf aber auf keinen Fall kochen, weil sonst das Eigelb gerinnt. Nun den Guß über die Äpfel verteilen.
Die Spanierin verfährt oft in umgekehrter Weise. Sie gibt erst den Vanilleguß und dann die Äpfel auf den Teig. In jedem Fall sollten Sie die Form während der ersten Hälfte der Backzeit mit Folie bedecken, damit der Guß nicht zu dunkel wird. Auf der untersten Schiene des vorgeheizten Backofens (Elektro 200 °C / Gas 3) in etwa 40 Minuten goldbraun backen.

Polvorones

Zimtplätzchen

250 g Mehl · 125 g Zucker · 125 g Schweineschmalz
½ TL Zimt · etwas feingeriebene, ungespritzte Zitronenschale
1 TL Zitronensaft

Für diese würzigen Zimtplätzchen zunächst das Mehl im Backofen leicht anbräunen. Dabei ist es wichtig, es zwischendurch immer mal wieder zu wenden, damit die Färbung gleichmäßig wird.
Den Zucker mit Fett, Zimt, Zitronenschale und Zitronensaft schaumig rühren und das Mehl darunterkneten. Den Teig etwas kühl stellen. Knapp kleinfingerdick ausrollen und runde Plätzchen von 5 cm Durchmesser ausstechen. Auf einem gefetteten Backblech – noch besser auf Backtrennpapier – bei nicht zu starker Hitze (Elektro 180 °C / Gas 2½) hell abbacken.
Da dieses Gebäck sehr mürbe ist, müssen Sie achtgeben, wenn Sie es vom Blech heben.

Getränke

ERFRISCHUNGSGETRÄNKE

Refresco de mandarina

Erfrischungsgetränk aus Mandarinen

⅛ l Wasser · 4 EL Zucker · ½ Vanilleschote
10 Mandarinen · 1 TL kohlensaures Natron
4 EL Eiswürfel · Wasser zum Auffüllen

Das Wasser mit dem Zucker und der längs aufgeschlitzten Vanilleschote bei schwacher Hitze 5 Minuten ziehen lassen. Eventuell verkochte Flüssigkeit wieder ergänzen. Durch ein Sieb gießen und über Nacht im Kühlschrank abkühlen lassen. Mit dem Saft der Mandarinen, dem kohlensauren Natron, grob zerstoßenen Eiswürfeln und etwas Wasser vermischen. Auf 4 Gläser verteilen und sogleich nach der Fertigstellung auftragen.
Wer auf einen intensiveren Mandarinengeschmack Wert legt, kann 1 bis 2 Mandarinen mit Hilfe des Kartoffelschälers sehr dünn schälen. Diese dünnen Schalen ebenfalls im Zuckersirup auskochen.

Refresco de piña

Erfrischungsgetränk aus Ananas

1 frische Ananas · Zitrone · 3–4 EL Zucker

4 EL weißer Rum · etwa 12 Eiswürfel

ZUM GARNIEREN:

einige Minzblätter und rote Cocktailkirschen

Von der Ananas ein Käppchen abschneiden. Mit Hilfe eines scharfen Messers und eines Eßlöffels das Fruchtfleisch herauslösen. Den harten inneren Strunk herausschneiden, das Fruchtfleisch in kleine Stücke schneiden. Mit Zitronensaft und Zucker vermischen, mit Rum überträufeln. In das Frosterfach geben und beinahe gefrieren. Auch die Ananasschale inzwischen kühl stellen.
Die Eiswürfel in ein Tuch geben, mit einem Klopfer sehr fein zerstoßen. Kurz vor dem Servieren mit dem leicht gefrorenen Fruchtwürfel vermischen. Bergartig in die leere Ananasumhüllung füllen. Mit frischem Grün und einigen roten Kirschen garnieren. Den Rest der Erfrischung extra servieren. Vorzüglich als Nachspeise.
Kalorienbewußte können diese Erfrischung auch mit Süßstoff anstelle von Zucker zubereiten.

Granita de limón

Zitronensorbet

6 ungespritzte Zitronen · 250 g Zucker

¼ l Wasser · Eiswürfel

4 Zitronen mit dem Kartoffelschäler dünn abschälen. Mit Zucker und Wasser in einem kleinen Topf etwa 10 Minuten ziehen lassen,

dabei eventuell verkochte Flüssigkeit wieder ergänzen. Den Saft von 6 Zitronen auspressen, unter die abgekühlte Flüssigkeit geben. Für 24 Stunden in den Kühlschrank stellen. Erst jetzt durchsieben. In einen Mixer geben. Die Maschine einschalten und Eiswürfel auf das laufende Messer geben. Möglichst unmittelbar nach der Herstellung als erfrischendes Sommergetränk servieren.

Horchata

Erdmandelmilch

250 g geschälte Erdmandeln · ⅛ l Wasser · 1 kg Zucker

½ l Wasser · 5 Tropfen Mandelöl

Erdmandeln werden in Südspanien gezüchtet, und da sie bei uns so gut wie nie im Handel sind, bringt man sie am besten von einer Reise mit. Sie werden mit kochendem Wasser überbrüht, dann geschält und wie Mandeln fein gemahlen. Mit einer Tasse Wasser vermischen.

Aus dem Zucker und ½ l Wasser einen klaren Zuckersirup kochen, dann die eingeweichten Erdmandeln dazugeben und alles einmal aufkochen lassen. Zum Schluß einige Tropfen Mandelöl zur Verbesserung des Aromas dazugeben. Etwas abkühlen lassen und in Flaschen abfüllen.

Der Extrakt wird nach Belieben mit Wasser verdünnt an heißen Sommertagen aus hohen Gläsern serviert und ist insbesondere bei Kindern sehr beliebt.

Ponche de champagne para veinte personas

Champagnerbowle für 20 Personen

½ l Curaçao · ½ l alter Kognac · ¼ l grüner Chartreuse
½ l Tokaja Wein · 1 kleine Dose Ananassaft
4 ungespritzte Orangen · 3 ungespritzte Zitronen
2 Flaschen Mineralwasser · 1 kleine frische Ananas
250 g grüne Trauben · 4 Nektarinen · 2 Kiwis
3 Flaschen Sekt · Eiswürfel · evtl. Zucker

Den Curaçao mit Kognac, Chartreuse, Tokaja und Ananassaft in ein großes Bowlengefäß geben. Die Orangen und Zitronen schälen, halbieren, in Scheiben schneiden. Das Mineralwasser zufügen und 2 Stunden in den Kühlschrank stellen. Inzwischen die Ananas schälen und in Würfel schneiden. Die Trauben mit kochendem Wasser überbrühen, schälen und die Kerne herauslösen. Die Nektarinen mit den Schalen in kleine Stücke schneiden, die Kerne beiseite tun. Die Kiwis ebenfalls dünn schälen, längs halbieren und in Scheiben schneiden. Das Obst in das Bowlengefäß geben, mit gekühltem Sekt aufgießen. In Spanien gibt man zusätzlich Eiswürfel in das Getränk. Wer will, kann zusätzlich das Getränk mit Zucker abschmecken.

Ponche néctar

Sommernachtsbowle

2 Zitronen · 4 EL Zucker · ⅛ l Maraschino
1 Flasche Mineralwasser · 1 Flasche Sekt
¼ Flasche trockener Sherry
250 g gemischte Fruchtwürfel (Orangen, Pfirsiche, Ananas, Erdbeeren, Nektarinen, Kiwis, Bananen)

Die Zitronen gründlich waschen. Eine Zitrone in feine Scheiben schneiden, die zweite auspressen. Mit dem Zucker, dem Maraschino, der Hälfte des Mineralwassers und Sektes sowie einem Schuß Sherry zugedeckt im Kühlschrank durchziehen lassen. Dann das restliche Mineralwasser, Sekt, Sherry und die vorbereiteten kleingewürfelten Früchte daruntergeben. An heißen Sommertagen gibt man zusätzlich eine Handvoll Eiswürfel dazu. Nochmals abschmecken und aus Bowlengläsern reichen.

Limonada

Weinlimonade

3 ungespritzte Zitronen · 100 g sehr feiner Zucker
½ flasche trockener spanischer Weißwein
½ Flasche trockener spanischer Rotwein

Die Zitronen gründlich waschen, dann mit Hilfe des Kartoffelschälers sehr fein abschälen. Die Schalen in Stücke von etwa 5 cm Länge schneiden und beiseite tun.

Eine der Zitronen auspressen, die beiden übrigen quer in etwa ½ cm dicke Scheiben schneiden. Die Zitronenschale, den -saft

und -scheiben mit dem Zucker in einen hübschen Glaskrug geben. Den Weißwein aufgießen, das Gefäß zudecken.
Mindestens 3 Stunden im Kühlschrank gut kühlen. Zwischendurch ab und zu einmal umrühren, damit sich der Zucker löst. Vor dem Verzehr den ebenfalls gekühlten Rotwein aufgießen, alles noch einmal umrühren und abschmecken. Wer will, kann zusätzlich noch Eiswürfel dazugeben. Aus Bowlengläsern servieren. Sehr erfrischend an heißen Sommertagen!

Sangría

Sangria

1 Zitrone · 1 Orange · 1 Pfirsich oder 1 Apfel

60 g feiner Zucker · 1 Weinglas Cognac, Rum oder Cointreau

1 l trockener spanischer Rotwein · ½ l Selterwasser

1 Handvoll Eiswürfel

Die Zitrone der Länge nach halbieren, dann in ½ cm dicke Scheiben schneiden. Die Orange je nach Größe halbieren oder vierteln, ebenfalls in Scheiben schneiden. Den Pfirsich oder Apfel schälen, in schmale Schnitze zerteilen. Das Obst in einen Krug geben, mit Zucker bestreuen und mit Cognac, Rum oder Likör übergießen. Nach Möglichkeit 2 bis 3 Stunden an kühler Stelle durchziehen lassen. Dann den gekühlten Rotwein und das Selterswasser aufgießen. Mit Eiswürfeln kühlen. Als sommerliches Erfrischungsgetränk wie Bowle servieren.
Die Obstmischung kann im Herbst auch mit Weintrauben variiert werden.

Licor de Oro

Goldlikör

500 g Zucker · ½ l Wasser · ½ Vanilleschote
1 Stückchen Stangenzimt · 1 ungespritzte Orange
4 Safranfäden · etwas feingeriebene Muskatnuß
½ l Alkohol

Den Zucker mit dem Wasser, der längs aufgeschlitzten Vanilleschote, Stangenzimt, dünn abgeschälter Orangenschale, Safranfäden und Muskatnuß aufkochen, so daß der Zucker sich löst. Gut abkühlen lassen. Den Alkohol dazugeben. Zugedeckt 3 Tage durchziehen lassen. Täglich zweimal umrühren. Durch einen Filter gießen und in Flaschen abfüllen.

Licor de anís

Anislikör

500 g Zucker · ½ l Wasser · ⅜ l Alkohol
5 Tropfen Anisessenz · 3 Tropfen Fenchelessenz

Den Zucker mit Wasser aufkochen, so daß er sich löst. Abkühlen lassen. Den Alkohol, Anis- und Fenchelessenz darunterrühren. Durch einen Filter gießen und in Flaschen abfüllen.
Anis- und Fenchelessenz bekommen Sie in gut sortierten Apotheken, oft in Deutschland, mit Sicherheit aber in Spanien zu kaufen.

Licor de naranja

Orangenlikör

8 ungespritzte Orangen · 1 l Alkohol
1 Stückchen Stangenzimt · 1 kg Zucker · 1½ l Wasser

Die Orangen gründlich waschen, abtrocknen und mit Hilfe des Kartoffelschälers dünn abschälen. In streichholzfeine Streifen schneiden. Mit Alkohol übergießen und 10 Tage zugedeckt stehenlassen.
Das Gefäß sollte während dieser Zeit am besten auf der sonnigen Küchenfensterbank stehen. Nach 5 Tagen den Stangenzimt daruntergeben. Den Zucker mit dem Wasser aufkochen, so daß er sich löst, dann gut abkühlen lassen. Alle Zutaten miteinander vermischen. Abschmecken und durch einen Filter gießen. In fest verschlossenen Flaschen aufheben.

Licor de nata

Sahnelikör

1 l Milch · ½ l Sahne · 1 l Alkohol · 1 kg Zucker
1 Zitrone · 4 Vanilleschoten

Die Milch mit Sahne, Alkohl und dem möglichst feinen Zucker mit Hilfe des Schneebesens sehr gut verschlagen. Die Zitrone in Achtel schneiden, die Vanilleschoten der Länge nach aufschlitzen. an die Mischung geben und in einem zugedeckten Gefäß an kühler Stelle 12 Tage durchziehen lassen. Täglich mindestens einmal umrühren.
Nach dieser Zeit durch einen Kaffeefilter gießen und in Flaschen abfüllen.
Natürlich kann man die Zutatenmenge auch halbieren oder vierteln! Sehr gut zum Kaffee.

ÜBER DEN SHERRY

Die Heimat des Sherry, eines der berühmtesten Weine der Welt, ist Spanien. Seinen Namen bekam er von der Stadt Jerez, dem Zentrum des im Südwesten gelegenen Anbaugebietes. Schon im Mittelalter wurde der Wein an den Hängen des Guadaletes angebaut. Vor gut 400 Jahren brachten englische Seefahrer die ersten Schiffsladungen *Jerez* vom spanischen Cadiz nach England. Und weil sie das harte spanische Wort »Jerez« so schlecht aussprechen konnten, nannten sie den Wein liebenswürdig und weich Sherry.
Die Begeisterung der Engländer wuchs schnell und anhaltend, so daß Sherry im 19. Jahrhundert *das* Modegetränk des britischen Weltreichs wurde. William Shakespeare, Victor Hugo und Napoleon erwähnen das Getränk in ihren Schriften. Als Sir Francis Drake 1588 gegen die spanische Armada kämpfte, nahm er aus dem Hafen von Cadiz 3000 Schläuche Sherry mit.
Der Wein, aus dem der Sherry hergestellt wird, wächst in einem eng begrenzten Gebiet von etwa 100 Quadratkilometern im Dreieck zwischen dem Atlantischen Ozean und den Flüssen Guadalquivir und Guadalete. Der berühmte weiße Kalkboden reflektiert an rund 295 Tagen jährlich die Sonne wie ein Spiegel. Winterregen und Atlantikwind geben mit dieser Sonne den Sherrytrauben den typischen Geschmack. Kein anderer Wein der Welt, auch wenn er aus Sherry-Rebsorten gekeltert wurde, darf sich Sherry nennen.
Mehr als 40 Arbeitsgänge sind notwendig, bevor ein frischgepflanzter Weinstock nach 3 bis 4 Jahren die ersten Früchte trägt. Etwa 25 Jahre kann man ernten. Dann muß der Weinstock abermals durch eine Jungpflanze ersetzt werden. Am 8. September beginnt traditionsgemäß die Weinlese. Nach dem Schnitt müssen die Trauben – auf Espartogras ausgebreitet – in der Sonne nachreifen. Aber jeden Abend werden die Trauben mit Segeltuchbahnen abgedeckt, damit der Tau sie nicht befeuchtet.
Früher wurden die Trauben mit den Füßen gestampft, diese Ar-

beit erledigen heute Keltermaschinen. Der Most wird in riesige Eichenfässer gefüllt und in Bodegas, also großen, kirchenschiffähnlichen Weinlagern, aufbewahrt. Bei der Gärung wird fast der gesamte Fruchtzucker in Alkohol umgewandelt. Durch die Nachgärung entsteht aus dem trüben Most ein klarer Wein. Nun wird er abermals in Fässer umgefüllt und gelagert. 3 bis 4fach übereinander in großen Hallen, durch welche die frische Atlantikluft streicht. Von Zeit zu Zeit taucht der Kellermeister sein Schöpfgefäß in das Weinfaß und gießt eine Sherryprobe aus beachtlicher Höhe aus dem kleinen Silberbecher in sein Probeglas. Etwa 3 Jahre lang muß ein Sherry reifen, um dann mit anderen Jahrgängen verschnitten zu werden, so daß eine gleichmäßige Qualität erreicht wird. Jahrgangsweine gibt es also beim Sherry nicht, wohl aber verschiedene Geschmacksrichtungen.

Fino zeichnet sich durch eine blaßblanke Farbe und herbtrockenes Aroma aus. Er wird oft auch unter der Bezeichnung »Dry«, »very dry« oder »very pale dry« angeboten und sollte immer gut gekühlt werden. Auch der Sherry mit der Bezeichnung *Manzanilla* gehört in diese Gruppe. Da er an der Küste wächst, sagt man ihm einen leichten Salzgeschmack nach, er ist besonders trocken und erreicht nicht ganz den Alkoholgehalt der übrigen *Fino*-Sorten von 17 bis 18 °C.

Amontillado ist zwar mit dem *Fino* eng verwandt, jedoch nicht ganz so trocken, er wird darum auch als »medium« oder »medium dry« gehandelt. Seine Farbe gleicht dem des Bernsteins. Oft hat er ein leichtes Mandel- oder Muskataroma und wird ausgesprochen gerne auch in Deutschland zum Aperitif und in der feinen Küche verwendet.

Oloroso ist ein dunkelgoldener Sherry von würzigem, manchmal leicht süßem Geschmack. Es war wohl hauptsächlich dieser aromatische Wein, der den spanischen Sherry in der Welt berühmt machte. Er wird zu Oliven, Salzmandeln oder gerösteten Hasel-

Torta de almendras · *Mandeltorte* (Rezept Seite 174)

nüssen als Lebenswecker gereicht und verbessert den Geschmack von Bratensaucen und feinen Suppen.
Seltener sind seine Varianten *Paolo Cortado* und *Rayas.*

Cream-Sherry ist die süße Variante des *Olorosos.* Er wird auch als »sweet« angeboten. Der dunkelrubinrote, dickflüssige und gehaltvolle Dessertwein mit einem Alkoholgehalt von 18 bis 20 °C eignet sich als Abschluß eines guten Essens oder als Zutat für ein feines Dessert. Ihm sprechen vor allem Damen zu.

Im Gegensatz zu den übrigen Weinsorten müssen Sherryflaschen nicht liegen und benötigen auch keine bestimmte Lagertemperatur. Es ist auch nicht nötig, daß eine Flasche Sherry unmittelbar nach dem Öffnen ganz konsumiert wird. Der relativ hohe Alkoholgehalt garantiert die Haltbarkeit des festlichen Getränks.
Eigentlich gibt es für jede Tageszeit eine passende Sherrysorte. Stilecht wird er in glatten, schmalen, hohen Sherrygläsern angeboten. Die Jahresproduktion schwankt zwischen 1,5 Millionen und 2 Millionen Hektoliter. Davon werden 90% exportiert. Neben dem Export in Flaschen wird nach Deutschland ca. 20% als Faßware exportiert.

WEINE

Es gab für Südländer kaum eine Mahlzeit ohne Wein. In den letzten 10 Jahren blieb der Weinverbrauch in Spanien zwar konstant; der Konsum von Bier, Limonade, Brandy und Liköre hat sich dagegen verdoppelt! Ein sicheres Zeichen für Wohlstand. Aber natürlich ist der Weinverbrauch regional verschieden. So wird in der Mancha, dem größten Anbaugebiet – südlich von Madrid –, weit mehr Wein getrunken als in den nördlichen Industriestädten am Atlantik.

Die spanische Weinproduktion wird auf jährlich 35 bis 42 Millionen Hektoliter geschätzt – die starken Schwankungen sind auf klimatische Bedingungen zurückzuführen. Experten glauben, daß durch verbesserte Anbaumethoden die Produktion auf das Doppelte gesteigert werden könnte.
Vom Export nach Deutschland entfällt ein Drittel auf den Sherry. Die restlichen zwei Drittel werden je zur Hälfte als Faßwein und Flaschenwein verkauft, wobei Rotwein bei weitem überwiegt. Entgegen den mitteleuropäischen Usancen läßt man den Wein wesentlich länger in Fässern lagern und verzichtet auf das Aufziehen in Flaschen.
In fast allen ländlichen Restaurants wird dem Gast der sogenannte Hauswein – es handelt sich fast immer um Rotwein –, also »vino de la casa«, »vino de pais« oder »vino corriente« im Krug angeboten. Man muß dabei auf Überraschungen gefaßt sein. Das Getränk kann ebenso leicht trübe, fassig und süßlich wie glasklar, von vorzüglichem Aroma und trocken sein. Aber der Versuch lohnt! Auch wird der Wirt selten beleidigt reagieren, wenn man nach sorgfältigem Prüfen um eine andere Sorte bittet.
Es würde zu weit führen, wollten wir neben dem Sherry alle spanischen Weine eingehend besprechen. Darum hier nur einige Hinweise: Als *Moscatel* bezeichnet man einen süßen Wein aus der Gegend von Valencia, der – ähnlich wie der andalusische Málaga – einen recht hohen, nämlich 15 bis 20%igen Alkoholgehalt aufweist und vornehmlich als Dessertwein getrunken wird.
Lanzarote, Gran Canaria und *Del Monte* sind Rot- oder Weißweine mit einem – durch das Klima der Kanarischen Inseln bedingten – sehr hohen Alkoholgehalt, die sich ebenfalls vornehmlich als Dessertweine, nicht aber als Tischweine eignen.
Von den Balearen wird nur ein kleiner Anteil des etwas säuerlichen, robusten *Benisalén* als Roséwein auf dem Festland getrunken. Kastilien und die Mancha decken den größten Teil ihres Bedarfs mit *Valdepeñas.* Noch heute werden diese Weine in traditioneller Weise in riesigen Tonfässern, den *tinajas,* oder in Schläuchen aus Ziegenhaut, den *pellejos,* aufbewahrt. Sie sind bereits nach

3 bis 5 Monaten trinkbar, robust, leicht bekömmlich und werden in den meisten Bars zu niedrigen Preisen ausgeschenkt.
Unter den Weißweinen zeichnen sich der *Ribeiro de Avia* aus Galicien durch sein delikates Aroma und der *Perellada* und *Panadés* aus Katalonien durch milden Geschmack und hohe Qualität aus.
Seit den siebziger Jahren haben die Riojaweine aus dem gleichnamigen Teil südlich von Vitoria immer mehr von sich reden gemacht. In dieser Gegend siedelten sich vor gut 100 Jahren französische Winzer an, die aufgrund von Reblausepidemien ihre Heimat verlassen hatten. Sie verstanden es, die Rebenkultur erheblich zu verbessern. Man züchtet hier vor allen Dingen die Traubensorten *Tempranillo, Graciano, Mazuelo* und *Garnacho* (die französische Rebe Grenache), um vorzügliche Rotweine zu gewinnen, die dem Bordeaux in nichts nachstehen. Die Rebsorten *Viura, Garnacho blanco* und *Malvasia* ergeben die herrlich aromatischen Weißweine. Konsequente Bodenbearbeitung, liebevolle Pflege der Weinstöcke und meisterhaftes Mischen der Traubensorten haben die Qualität der Riojaweine in wenigen Jahren so verbessert, daß sie zu den besten Produkten des Landes zählen. Die 2 bis 9jährige Lagerung in alten Eichenholzfässern beeinflußt die gute Qualität der Weine wesentlich. Sie können 30 Jahre und länger reifen.
Die Weine der angrenzenden Gebiete von Navarra sind denen des Riojagebietes ebenbürtig, doch da der Alkoholgehalt mit 14 bis 18°C beträchtlich ist, eignen sie sich nicht als Tischweine.
Fast alle deutschen Weinimporteure haben neben einfachen Faßweinen aus der Mancha verschiedene Riojaweine als Flaschenweine im Angebot, und es bleibt dem Kenner überlassen, mit geschulter Zunge prüfend seine Lieblingssorte herauszuschmecken; sie sind wesentlich preisgünstiger als ebenbürtige französische oder italienische Ware.
Die Zentren der Sektkelterei befinden sich im Raum von Barcelona. Mit *Cavas* wird Flaschengärung, mit *Granvas* Faßgärung bezeichnet. Die Begriffe *seco, semi-seco* und *dulce* geben Auskunft darüber, ob der Inhalt trocken, halbtrocken oder süß ist.

Zu guter Letzt noch ein Wort zur Trinktemperatur: Während Weißweine, wie überall, am besten in Kellertemperatur munden, sollte der spanische Rotwein möglichst nicht bei Zimmertemperatur, sondern leicht gekühlt, also bei etwa 15 bis 18 °C gereicht werden. Für die immer beliebter werdenden Roséweine darf die Temperatur zwischen 10 und 12 Grad liegen.

BRANDY UND ANDERE BELIEBTE WÄSSERCHEN

Schon in aller Frühe, ehe die Landarbeiter auf das Feld oder der Maurer zum Bau wandert, treffen sich die Männer in der Dorfbar, um gemeinsam einen *café solo* oder einen mit etwas Milch, nämlich den *cortado,* zu trinken. Dazu bestellt man entweder einen »Cognac« oder einen »Anis«, denn beide Flüssigkeiten sind die besten Mittel, um die Würmer aus dem Magen zu vertreiben. Man ist nicht zimperlich im Konsum, nur zu oft wird der Brandy ähnlich wie bei unserem »Pharisäer« gleich in den Kaffee geschüttet.

Brandy, wie der offizielle Name des »Cognacs« lautet, wird vorwiegend aus den Weinen der Mancha gewonnen, das aber fast ausschließlich im Süden des Landes, Málaga und Jerez. Die Güte hängt nämlich nicht nur von der Qualität der Branntweine und der Dauer der Lagerung ab, sondern weitgehend von der Qualität der alten Holzfässer, in denen zuvor meist jahrzehntelang Sherry reifte. Brandy ist also keineswegs ein destillierter Sherry, sondern ein liebenswertes Getränk, das aus zwei Destillaten unterschiedlichen Alkoholgehalts zunächst getrennt in Eichenfässern lagerte, dann gemischt und nochmals gelagert wird. Erst nach einer Zeitspanne von mindestens drei Jahren, oftmals aber auch erst nach 15 Jahren, wird der weiche, etwas süßliche Brandy auf Flaschen gezogen. Damit wird gleichzeitig der Reifungsprozeß unterbro-

chen. Einmal abgefüllt, bleibt der Geschmack gleich, es sei denn, starke Temperaturunterschiede oder Sonnenbestrahlung vermindern die Qualität.
Versteht man erst einmal diese Zusammenhänge, so verwundert es niemanden, daß berühmte Sherryfirmen auch gleichzeitig berühmte Brandys herausbringen. Von Osborne kennen wir Magno, Veterano und Independencia, von Domecq 103, Etiqueta negra, Carlos I, Carlos III und Gran Reserva, von Gonzales Byass den Soberano, von Terry den Centenario, von Torres Solera Selecta und Gran Reserva. Leicht süß ist der Ponche der Firma Caballero.
Neben dem Brandy gilt Anis als traditionelles Getränk. Ursprünglich als Krankentrunk einer französischen Krankenschwester unter den Namen Marie Brizard in Frankreich erfunden, wird er heute vornehmlich in Chinchón oder in Monforte del Cid von kleinen Familienbetrieben unter manigfaltigen Firmennamen teils süß, teils trocken in den Handel gebracht. Man genießt ihn zwar im Sommer gelegentlich ähnlich wie in Frankreich mit reichlich Wasser verdünnt als erfrischenden Longdrink, häufiger aber pur zum Kaffee oder zur Verdauung. Für das Aroma werden jedoch nicht, wie oft angenommen, die kleinen schwarzen Anissamen, die wir von der Weihnachtsbäckerei her kennen, vermahlen, sondern der überaus aromatische, hübsch anzusehende Sternanis, der uns leider fast nur aus Gewürzbüchern bekannt ist. Berühmte Anissorten der süßen, also dulce-Richtung sind Anis del Mono und der in Lizenz hergestellte Marie Brizard, wohingegen die trockenen Sorten, also seco genannten, meist volkstümlich als Aguardiente bezeichnet werden.
Neben den Anislikören spielen von den übrigen Gewürz-, Kräuter- und Bitterlikören die leuchtend grünen Minzsorten eine bedeutende Rolle: Auch der »menta« dient offiziell dazu, die ölhaltigen Speisen besser zu verdauen. Cointreau, Benedictiner, Chartreuse oder Grand Marnier werden als Lizenzware gekennzeichnet durch geringfügige Hinweise auf den Etiketten und kaum wahrnehmbare Farbabweichungen bezüglich der Flaschen, Schil-

der oder Bänder, in vorzüglicher Qualität, doch wesentlich preiswerter als im Nachbarland Frankreich hergestellt.
Kakao-, Kaffee- und Teeliköre tragen fast ausnahmslos die Namen der verwendeten Rohstoffe, wobei der Kaffeelikör »Tia Maria« sich neuerdings zunehmender Beliebtheit erfreut. Auch der Likör 43 aus Cartagena und der feine Calisay gehören in die Gruppe der populären, süßen Liköre.
Bezeichnend für die Ginproduktion, also die klaren mit Wacholder gewürzten Schnäpse, sind die Standorte. Ausnahmslos werden sie in solchen Orten produziert, die früh von Engländern besucht wurden: Málaga, Balearen, Barcelona. Zum Mixen als Cuba libre oder Gin Tonic werden sie in allen Bars angeboten.
Da Whisky im Land kaum direkt produziert wird, gilt der Konsum als etwas ganz besonderes. Will sich jemand hervortun oder wurde ein besonders gutes Geschäft getätigt, lädt der Prahlhans seine Freunde für ein erhebliches Sümmchen in der Bar zum Whisky ein. Dabei ist es ganz nebensächlich, ob den Gästen das herbe Getränk überhaupt mundet!
Obschon völlig alkoholfrei, so soll doch der leuchtend rote Granatapfelsirup Grenadina der Vollständigkeit halber hier genannt werden. Die Frucht ist für den Süden Spaniens so typisch, der leuchtend rote Saft für den versierten Barmixer unentbehrlich.
Horchata, die weißlich trübe Erdmandelmichl, die im Sommer eisgekühlt mit Wasser verdünnt getrunken wird, gehört hingegen einer vergangen Zeit an und gerät mehr und mehr in Vergessenheit, um internationalen Limonaden den Platz zu räumen.

Sachgruppen-Register

VORSPEISEN

Atlantikmuscheln 21
Champignons, gedünstete 26
Fisch-Schnitzel 19
Gambas in Knoblauchöl 15
Hackfleischbällchen 25
Herzmuscheln in Knoblauchsauce 22
Kalbsnieren in Sherrysauce 27
Kichererbsen mit Tomaten 25
Lammkoteletts mit Traubenessig 27
Ölsardinen mit Kapern 18
Oliven 11
Russischer Salat 23
Salat, russischer 23
Salzmandeln 11
Sardellen, fritierte 15
Sardinen mit Tomaten 16
Spinat-Tortilla 24
Thunfischpastete 20
Tintenfischsalat 19

SUPPEN

Andalusische Katzensuppe 34
Asturianische Fischsuppe 38
Bohnensuppe 37
Brühe, Madrider 33
Fischsuppe 40
–, asturianische 38
–, galicische 39
– mit Paprika 39
Galicische Fischsuppe 39
Gemüsesuppe, kalte 32
Katzensuppe, andalusische 34
Knoblauchsuppe 30
– mit Weintrauben 32
Madrider Brühe 33
Mandelsuppe 31

SAUCEN

Grüne Sauce 43
Katalanische Rindfleischsauce 42
Knoblauchmayonnaise 44
Mandelsauce 41
Orangensauce 42
Rindfleischsauce, katalanische 42
Sauce, grüne 43

FLEISCH, WILD UND GEFLÜGEL

Baskisches Hühnergericht 63
Ente mit Apfelfüllung 68
Entenbrust mit Brandy-Trüffel-Sauce 67
Fleischpastete 56
Hähnchen mit Paprika und Oliven 66
Hase in Schokoladensauce 62
Hühnergericht, baskisches 63
Huhn auf katalanische Art 64
Kalbsragout auf Cordobeser Art 54
Kalbszunge in pikanter Nußsauce 58
Kutteln auf Madrider Art 60
Lammkeule, gegrillte 50

Lammkeule mit Kräutern 51
Lammkoteletts Navarrer Art 49
Lammragout 52
Leber auf asturische Art 59
Madrider Schweinekoteletts 47
Mandelhuhn 65
Rebhühner in Schokoladensauce 61
Rinderkoteletts auf baskische Art 48
Rindfleisch im Topf 55
Schinken, gebratener 52
Schinkenschnitzel in Tomatensauce 46
Schweinefilet in Milch 48
Schweinekoteletts, Madrider 47
Tauben in Pilzsauce 70
Truthahn, gefüllter 69

FISCHE, KRUSTEN- UND SCHALENTIERE

Aal in Paprikasauce 92
Austern, fritierte 97
Fischklößе 85
Forelle Navarreser Art 83
Forellen in Rotweinsauce 84
Glasaale 91
Goldbrasse im Salzhemd 74
Katalanische Stockfischklößchen 86
Langusten nach Art der Atlantikfischer 96
– vom Grill 95
Miesmuscheln im Kräuter-Weinsud 93
Sardellen, eingelegte, mit Knoblauch und Petersilie 83
Sardinen, gefüllte 80
–, gegrillte 81
Schwertfisch vom Grill 73
Seehecht, überbackener 78
Seehecht in Ausbackteig 79
Seehecht in grüner Sauce 79
Seezunge auf baskische Art 75
–, panierte 75
Seezungenfilets, überbackene 76
Soldaten von Pavia 77
Stockfischgericht 87
Teufelsmuscheln 94
Thunfisch mit Tomaten 82
Tintenfisch in schwarzer Sauce 90
– mit dicken Bohnen 87
Tintenfische, gefüllte 88

EIERGERICHTE

Eier auf Zigeunerart 114
– nach Art von Soller 112
Frühlingseier 116
Gemüseomelett, buntes 103
Käseomelett 110
Kartoffelomelett 100
Kräuteromelett 102
Lauchomelett 104
Muschelomelett 109
Omelett, französisches 99
–, kanarisches 101
–, mallorcinisches 107
– mit Kalbshirn 108
– mit Thunfisch 106
–, nordspanisches 108
–, spanisches 100
Reisomelett, valencianisches 107
Rührei mit Paprika 113
Schinkenomelett 106
Spargelomelett 102
Spinat mit Eiern 112
Valencianisches Reisomelett 111
Zwiebelomelett 105

GEMÜSE, HÜLSENFRÜCHTE, KARTOFFELN UND REIS

Artischocken natur 121
– vom Grill 122
Asturischer Rindfleischtopf 149
Auberginen, gefüllte 125
Blumenkohl, fritierter 123
Bohnen, dicke, auf asturische Art 144
–, –, katalanische Art 145
–, grüne, mit Tomaten 123
–, weiße, nach Art von Onkel Lukas 144
Dicke Bohnen auf asturische Art 144
– – katalanische Art 145
Fischeintopf 148
Frühlingszwiebeln, gegrillte 126
Grüne Bohnen mit Tomaten 123
Huhn mit Reis 137
Kartoffeleintopf mit Thunfisch 143
Kartoffeln in Knoblauchsauce 142
– vom Blech 142
Kartoffelsalat 118
Lammeintopf nach Hirtinnenart 150
Laucheintopf mit Stockfisch 148
Ofenreis 135
Paella mit Fleisch und Schnecken 132
Paprikaschoten, gefüllte, nach Avileser Art 124
Reiseintopf, ländlicher 134
Reis mit Garnelen 138
– mit Hühnerinnereien 139
– mit Kaninchen 136
– mit Kartoffeln und Fisch 141
–, valencianischer 130
Reizker aus dem Backofen 129
Rindfleischeintopf, asturischer 149
Safranreis 140
Salatteller, gemischter 119
Schmorgemüse 127
Teigtaschen mit pikanter Spinatfüllung 128
Thunfischeintopf 147
Tomatensalat auf spanische Art 120
Valencianischer Reis 130
Weiße Bohnen nach Art von Onkel Lukas 144
Zigeunereintopf 146

SÜSSPEISEN UND GEBÄCK

Apfelkuchen 175
Eikonfekt 159
Feigen in Honigsauce 166
Fettgebäck 167
Fettgebäckkringel 171
Haselnußauflauf 165
Hefeschnitten 172
Jahrmarktsgebäck 168
Johannesfladen 173
Karamelcreme mit Orangen 161
Maisbrei 164
Mandeltorte 174
Pfannkuchen 166
Pfirsich in Weinsauce 164
Pinienkonfekt 160
Puddingwürfel, gebratene 163
Turrón 158
Vanillecreme, geflammte 162
Walnußcreme 161
Zimtplätzchen 176

GETRÄNKE

Anislikör 175
Champagnerbowle 180

Erdmandelmilch 179
Erfrischungsgetränk aus Ananas 178
– aus Mandarinen 177
Goldlikör 183
Orangenlikör 184
Sahnelikör 184
Sangria 182
Sommernachtsbowle 181
Weinlimonade 181
Zitronensorbet 178

Deutsches Register (alphabetisch)

Aal in Paprikasauce 92
Andalusische Katzensuppe 34
Anislikör 183
Apfelkuchen 175
Artischocken natur 121
– vom Grill 122
Asturianische Fischsuppe 38
Asturianischer Rindfleischeintopf 149
Atlantikmuscheln 21
Auberginen, gefüllte 125
Austern, fritierte 97

Baskisches Hühnergericht 63
Blumenkohl, fritierter 123
Bohnen, dicke, auf asturische Art 144
–, dicke, katalanische Art 145
–, grüne, mit Tomaten 123
–, weiße, nach Art von Onkel Lukas 144
Bohnensuppe 37
Brühe, Madrider 33

Champagnerbowle 180
Champignons, gedünstete 26

Dicke Bohnen auf asturische Art 144
– auf katalanische Art 145

Eier auf Zigeunerart 114
– nach Art von Soller 112
Eikonfekt 159
Ente mit Apfelfüllung 68
Entenbrust mit Brandy-Trüffel-Sauce 67
Erdmandelmilch 179
Erfrischungsgetränk aus Ananas 178
– aus Mandarinen 177

Feigen in Honigsauce 166
Fettgebäck 167
Fettgebäckkringel 171
Fischeintopf 148
Fischklöße 85
Fisch-Schnitzel 19
Fischsuppe 40
–, asturianische 38
–, galicische 39
– mit Paprika 39
Fleischpastete 56
Forelle Navarreser Art 83
Forellen in Rotweinsauce 84
Frühlingseier 116
Frühlingszwiebel, gegrillte 126

Galicische Fischsuppe 39
Gambas in Knoblauchöl 15
Gemüseomelett, buntes 103
Gemüsesuppe, kalte 32
Glasaale 91
Goldbrasse im Salzhemd 74
Goldlikör 183

Grüne Bohnen mit Tomaten 123
Grüne Sauce 43

Hackfleischbällchen 25
Hähnchen mit Paprika und Oliven 66
Hase in Schokoladensauce 62
Haselnußauflauf 165
Hefeschnitten 172
Herzmuscheln in Knoblauchsauce 22
Hühnergericht, baskisches 63
Huhn auf katalanische Art 64
– mit Reis 137

Jahrmarktgebäck 168
Johannesfladen 173

Käseomelett 110
Kalbsnieren in Sherrysauce 27
Kalbsragout auf Cordobeser Art 54
Kalbszunge in pikanter Nußsauce 58
Karamelcreme mit Orangen 161
Kartoffeleintopf mit Thunfisch 143
Kartoffeln in Knoblauchsauce 142
– vom Blech 142
Kartoffelomelett 100
Kartoffelsalat 118
Katalanische Rindfleischsauce 42
– Stockfischklößchen 86
Katzensuppe, andalusische 34
Kichererbsen mit Tomaten 25
Knoblauchmayonnaise 44
Knoblauchsuppe 30
– mit Weintrauben 32

Kräuteromelett 102
Kutteln auf Madrider Art 60

Lammeintopf nach Hirtinnenart 150
Lammkeule, gegrillt 50
– mit Kräutern 51
Lammkoteletts mit Traubenessig 27
– Navarrer Art 49
Lammragout 52
Langusten nach Art der Atlantikfischer 96
– vom Grill 95
Laucheintopf mit Stockfisch 148
Lauchomelett 104
Leber auf asturische Art 59

Madrider Brühe 33
– Schweinekoteletts 47
Maisbrei 164
Mandelhuhn 65
Mandelsauce 41
Mandelsuppe 31
Mandeltorte 174
Miesmuscheln im Kräuter-Weinsud 93
Muschelomelett 109

Ölsardinen mit Kapern 18
Ofenreis 135
Omelett, französisches 99
–, kanarisches 101
–, mallorcinisches 107
– mit Kalbshirn 108
– mit Thunfisch 106
–, nordspanisches 108
–, spanisches 100

Orangenlikör 184
Orangensauce 42

Paella mit Fleisch und Schnecken 132
Paprikaschoten, gefüllte, nach Avileser Art 124
Pfannkuchen 166
Pfirsich in Weinsauce 164
Pinienkonfekt 160
Puddingwürfel, gebratene 163

Rebhühner in Schokoladensauce 61
Reiseintopf, ländlicher 134
Reis mit Garnelen 138
– mit Hühnerinnereien 139
– mit Kaninchen 136
– mit Kartoffeln und Fisch 141
–, valencianischer 130
Reisomelett, valencianisches 111
Reizker aus dem Backofen 129
Rinderomeletts auf baskische Art 48
Rindfleischeintopf, asturischer 149
Rindfleisch im Topf 55
Rindfleischsauce, katalanische 42
Rührei mit Paprika 113
Russischer Salat 23

Safranreis 140
Sahnelikör 184
Salat, russischer 23
Salatteller, gemischter 119
Salzmandeln 11
Sangria 182
Sardellen, eingelegte, mit Knoblauch und Petersilie 83
–, fritierte 15
Sardinen, gefüllte 80
–, gegrillte 81
–, mit Tomaten 16
Sauce, grüne 43
Schinken, gebratener 52
Schinkenomelett 106
Schinkenschnitzel in Tomatensauce 46
Schmorgemüse 127
Schweinefilet in Milch 48
Schweinekoteletts, Madrider 47
Schwertfisch vom Grill 73
Seehecht in Ausbackteig 79
– in grüner Sauce 79
–, überbackener 78
Seezunge auf baskische Art 75
–, panierte 75
Seezungenfilets, überbackene 76
Soldaten von Pavia 77
Sommernachtsbowle 181
Spargelomelett 102
Spinat mit Eiern 112
Spinat-Tortilla 24
Stockfischgericht 87
Stockfischklößchen, katalanische 86

Tauben in Pilzsauce 70
Teigtaschen mit pikanter Spinatfüllung 128
Teufelsmuscheln 95
Thunfischeintopf 147
Thunfisch mit Tomaten 82
Thunfischpasteten 20
Tintenfisch in schwarzer Sauce 90
– mit dicken Bohnen 87

Tintenfische, gefüllte 88
Tintenfischsalat 19
Tomatensalat auf spanische Art 120
Truthahn, gefüllter 69
Turrón 158

Valencianischer Reis 130
Valencianisches Reisomelett 111
Vanillecreme, geflammte 162

Walnußcreme 161
Weinlimonade 181
Weiße Bohnen nach Art von Onkel Lukas 144

Zigeunereintopf 146
Zimtplätzchen 176
Zitronensorbet 178
Zwiebelomelett 105

Spanisches Register (alphabetisch)

Albóndigas 25
Albóndigas de bacalao a la catalana 86
Albóndigas de pescado 85
Alcachofas a la parrilla 122
Alcachofas al natural 121
Alïoli 44
Almejas al ajillo 22
Almendras saladas 11
Anchoas al ajillo y perejil 83
Anchoas fritas 15
Anguila al ali-pebre 92
Angulas a la cazuela 91
Arroz a banda 141
Arroz al campo 134
Arroz al horno 135
Arroz con azafrán 140
Arroz con conejo 136
Arroz con gambas 138
Arroz con menudillos de ave 139

Bonito con tomate 82
Budín de avellanas 165
Buñuelos del Ampurdán 171

Calamares en salsa verde 19
Calamares en su tinta 90
Calamares rellenos 88
Calcotada de Valls 126
Caldeirada 148
Calderada 39
Caldereta asturiana 38
Caldo de pimentón 39
Callos al la madrileña 60
Cazuela a la catalana 42
Cazuela de espinacas con huevos a la granadina 112
Chamoiñones en salsa picante 26
Chocos con habas 87
Chuletas de buey a la bilbaína 48
Chuletas de cerdo a la madrileña 47
Chuletas de cordero a la navarra 49
Chuletas de cordero al vinagre de uvas 27
Churros 168
Coca de San Juan 173
Cochifrito 52
Coliflor frita 123
Consomé madrileño 33
Cordero a la parilla 50
Cordero a la pastora 150
Crema de nueces 161
Crema de San José 162
Cuixa de xai amb herbes aromatiques 51

Dorada a la sal 74

Empanada de lomo a la gallega 56
Empanadas con atún 20
Emperador a la plancha 73
Ensaimada 172
Ensalada de patatas 118
Ensalada de tomate 120
Ensalada mixta 119
Ensalada rusa 23

Estofado de buey a la asturiana 149
Estofado de ternera 55

Fariñes 164
Filetes de lenguado al horno 76
Filoas 166
Flan con Naranja 161
Fritos de pescado 19

Gabanzos con tomate 25
Gambas al ajillo 15
Gazpacho andaluz 32
Granita de limón 178

Habas a la asturiana 144
Habas a la catalana 145
Hígado a la asturiana 59
Higos Villamiel 166
Horchata 179
Huevos a la flamenca 114
Huevos al modo de Soller 112
Huevos de primavera 116
Huevos revueltos con pimentón 113
Hunkar-Begendi 125

Jamón asado 52
Judías a lo tío Lucas 144
Judías verdes con tomates 123

Langostas a la marinera 96
Langostas a la parrilla 95
Lecha frita 163
Lengua de ternera con nueces 58
Lenguado a la vasca 75
Lenguado frito 75
Licor de anís 183
Licor de naranja 184
Licor de nata 184
Licor de Oro 183
Liebre con chocolate 62
Limonada 181
Lomo de cerdo con leche 48

Magras con tomate 46
Marmitako 147
Marmitako típico de Motrico 143
Mejillones a la catalana 93
Mejillones a la vizcaína 21
Mejillones en salsa picante 95
Melocotón con vino 164
Merluza al horno 78
Merluza al la romana 79
Merluza en salsa verde 79

Olla gitana 146
Oreletes 167
Ostras fritas 97

Paella con carne y caracoles 132
Paella valenciana 130
Panados amb espinacs, panses i pinyons 128
Pastel de manzana 175
Patatas asadas 142
Patatas castellanas 142
Pato rellenco con manzanas 68
Pavo relleno y asado a la catalana 69
Perdices en chocolate 61
Pichones con salsa de setas 70
Pimientos rellenos estilo avilés 124

Piñonate 160
Pisto manchego 127
Pit d'anec amb salsa de brandy i trufes 67
Pollo a la vasca 63
Pollo al al catalana 64
Pollo con almendras 65
Pollo con arroz 137
Pollo con pimiento y aceitunas 66
Polvorones 176
Ponche ce champagne para veinte personas 180
Ponche néctar 181
Purrusalda 148

Refresco de mandarina 177
Refresco de piña 178
Riñones al Jerez 27

Salsa de naranjas 42
Salsa Romescu 41
Salsa verde 43
Sangría 182
Sardinas al aspetu con cachelos 81
Sardinas con tomate 16
Sardinas en aceite con alcaparras 18
Sardinas trechadas 80
Setas de Orduña al horno 129
Soldaditos de Pavía 77
Sopa de ajo 30
Sopa de ajo con uvas 32
Sopa de almendras 31
Sopa de alubias 37
Sopa de gato 34
Sopa de pescado 40

Ternera a la cordobesa 54
Torta de almendras 174
Tortilla al estilo de Irún 108
Tortilla al Sacromonte 108
Tortilla canaria 101
Tortilla de atún 106
Tortilla de espárragos 102
Tortilla de espinacas 24
Tortilla de jamón 106
Tortilla de mariscos 109
Tortilla de puerro 104
Tortilla de queso 110
Tortilla di hierbas finas 102
Tortilla española 100
Tortilla francesa 99
Tortilla leonesa 105
Tortilla mallorquina 107
Tortilla murciana 103
Tortilla valenciana 111
Truchas a la navarra 83
Truchas en vino 84
Turrón de Alicante 158
Turrón de Jijona 158

Yemas 159

Zurrocutuna 87